À l'école des stéréotypes

Savoir et formation
Collection dirigée par Jacky Beillerot (1939-2004)
Michel Gault et Dominique Fablet

Genre et éducation
Série dirigée par Nicole Mosconi

Les recherches se développent aujourd'hui sur les pratiques éducatives différenciées selon le sexe, sur les relations entre filles et garçons, sur les effets du sexisme et des stéréotypes de sexe en éducation, sur la division socio-sexuée des savoirs. La série *Genre et éducation* se propose de publier des travaux réalisés sur ces thèmes et, en général, toute recherche en éducation et formation qui prend en compte la perspective du genre, c'est-à-dire, la construction sociale de la différence des sexes et de la hiérarchie entre les sexes.

Déjà parus

Isabelle COLLET, *L'informatique a-t-elle un sexe ?*, 2006.
Edmée OLLAGNIER et Claudie SOLAR, (sous la dir.), *Parcours de femmes à l'Université : perspectives internationales*, 2006.
Nicole MOSCONI, Biljana STEVANOVIC, *Genre et avenir. Les représentations des métiers chez les adolescentes et les adolescents*, 2007.
Léo THIERS-VIDAL, *De « L'Ennemi Principal » aux principaux ennemis.Position vécue, subjectivité et consciences masculines de domination*, 2010.
Jacqueline FONTAINE, *La scolarisation et la formation professionnelle des filles au pays de SCHNEIDER (1844-1942)*, 2010.
Sabine THOREL-HALLEZ, *De la mixité à la co-éducation en danse contemporaine au collège*, 2011.
Marie-Gaëlle THOLÉ, *Les filles à l'école au Mali*, 2013.

Ouvrage dirigé par
Christine Morin-Messabel et Muriel Salle

À l'école des stéréotypes

Comprendre et déconstruire

© L'Harmattan, 2013
5-7, rue de l'Ecole-Polytechnique, 75005 Paris

http://www.librairieharmattan.com
diffusion.harmattan@wanadoo.fr

ISBN : 978-2-343-00879-0
EAN : 9782343008790

Sommaire

Avant-propos de Roger Establet 11

Introduction de Christine Morin-Messabel et Muriel Salle 21

Chapitre 1 : Albums contre-stéréotypés et lecture offerte en Grande Section de Maternelle : mesure de l'impact sur les élèves à travers le dessin et la dictée à l'adulte
Christine Morin-Messabel – Séverine Ferrière 43

    Construction d'un schéma de genre chez l'enfant 44
    Des variations entre filles et garçons 46
    Les stéréotypes dans la littérature de jeunesse 47
    Effets des stéréotypes sexistes chez les jeunes enfants 48
    Méthodologie 50
    Choix et présentations des albums 51
    Hypothèses 53
    Analyse par album 53
    Réactions face aux différentes situations 57
    Conclusions et perspectives 59

Chapitre 2 : Corps en jeu dans la littérature de jeunesse
Anne-Marie Mercier-Faivre 75

    Métamorphoses des corps 77
    Le sexe en jeu 81
    Stéréotypes 84
    Contre-stéréotypes 87

Chapitre 3 : Étude des stéréotypes de genre dans les manuels scolaires
Fanny Lignon – Vincent Porhel – Herilalaina Rakoto-Raharimanana 95

    Introduction 95
    Méthodologie de la recherche 99
    Une surreprésentation des hommes 104
    Analyse qualitative : déconstruire le stéréotype 106
    Conclusion : déconstruire pour mieux comprendre 111

Chapitre 4 : Analyse vidéoludique et stéréotypes de sexe
Fanny Lignon 115

    Présentation raisonnée du champ d'investigation 116
    Des jalons pour analyser les jeux vidéo 120
    Du genre et des catégories de jeux vidéo 125

Chapitre 5 : Les normes de sexes dans les interactions enseignant.e et élèves. Deux études de cas en Éducation Physique et Sportive
Sigolène Couchot-Schiex 141

    L'éducation physique et sportive est une discipline d'enseignement scolaire 142
    Le problème posé 149
    Analyse 150
    Discussion 157
    Que faire des résultats du point de vue de la formation . 159

Chapitre 6 : Femmes ? Genre ? Mixité ? Quelles nouvelles perspectives pour l'enseignement de l'histoire
Muriel Salle – Fanny Gallot 165

    Introduction 165
    Les avancées récentes dans la mixité 168
    Le genre, catégorie utile pour cet enseignement 171
    S'appuyer sur les programmes pour les transformer 175
    Des pistes pour introduire le genre en histoire des arts .. 178
    Conclusion 182

Chapitre 7 : Habillage de la tâche et adhésion aux stéréotypes. Une expérimentation en Éducation Physique et Sportive – Étude longitudinale de la maternelle au collège
Sigolène Couchot-Schiex 185

    Présentation de l'étude 189
    Méthodes 190
    Résultats 193
    Résultats et confirmation des hypothèses 196
    Discussion générale 197

Chapitre 8 : Transmission de représentations genrées chez les formateurs et formatrices dans l'enseignement du 1er degré
Séverine Ferrière 203
    Construction et transmission des stéréotypes genrés......204
    L'école primaire, un univers féminin............................205
    Quelle place pour les hommes Professeurs des Écoles ..207
    Influence des enseignant.e.s et transmission 209
    Des représentations professionnelles partagées..............214
    Des observations orientées par les stéréotypes genrés ...220
    L'école maternelle, un lieu féminin 220
    Une posture de formation différente selon le sexe des formateur.trice.s 222
    Enjeux de la formation au genre
    chez les formateur.trice.s..223

Avant-propos

Roger Establet
Sociologue, LAMES -MMSH

Ce livre porte un éclairage neuf, scientifique et concret, sur une réalité qui nous concerne tous : les filles et les garçons à l'école. Il n'est pas facile d'en écrire la préface. On meurt d'envie de citer les résultats les plus saillants et surprenants, mais on craint d'enlever au lecteur le plaisir de la découverte, à la façon des taquin(e)s ou des indélicat(e)s qui vous révèlent tout de go la clé de l'énigme du roman policier ou la chute de la bonne blague. Le plus simple est de parler de soi, des réactions diverses que ce bel ouvrage a suscitées chez son premier lecteur, alors même qu'il croyait tout savoir sur la question. Cet ouvrage m'a débarrassé de mes préventions sur l'emploi du terme de « genre ». On sait que les américain(e)s ont, à bon droit, utilisé le concept de « *gender* » pour éviter la polysémie et le biologisme du concept de « *sex* », et elles/ils ont, ce faisant, lancé la belle aventure des « *gender studies* », catégorie devenue incontournable pour les documentalistes du monde entier. Alors pourquoi résister à la traduction de « *gender* » par « genre » ? C'est qu'en anglais le terme « *gender* » est, au départ, monosémique, une catégorie exclusivement grammaticale. En désignant par le terme « *gender* » la construction sociale des différences entre hommes et femmes, les chercheurs de langue anglaise usent légitimement d'une métaphore, qui laisse le champ ouvert à toutes les découvertes, et surtout sans le forclore par un biologisme hors de propos. Mais en français, pensais-je, le terme « genre » ne désigne pas seulement le masculin et le féminin grammaticaux. Il désigne aussi « la commune humanité » de Jürgen Habermas, comme nous le rappelle un poème d'Eugène Pottier pour lequel je n'ai pas seulement de la nostalgie : « L'internationale / Sera le genre humain » ou, si l'on préfère un ton plus consensuel et plus proche de l'univers scolaire, on peut citer le cauchemar de Sully Prudhomme : « Et seul, abandonné de tout le genre humain, / Dont je traînais partout l'implacable anathème / Je voyais des lions debout sur mon chemin ».

J'ai longtemps soupçonné, sans doute à tort, certaines féministes différentialistes de vouloir nous imposer, dans l'emballage du « genre » une vision dualiste de notre « commune humanité ». D'un côté, les hommes, de l'autre, les lion(ne)s... On peut certes excuser cet écart vers le dualisme puisque, chez Sully Prudhomme, comme le rappelle un sketch célèbre de Francis Blanche, le « genre humain » ne compte que des hommes (« laboureur », « tisserand », « maçon », « hardis compagnons », « hommes ») et le texte de Pottier, reconnaissons-le, ne sort jamais de « l' universel masculin » : « ouvriers », « paysans », « travailleurs », « cannibales », « héros », « généraux », « Dieu », « César », « tribun », « producteurs », le seul actant féminin du poème étant... « Foule esclave » ! ...

Dans leur analyse sur l'évolution des programmes d'histoire, et dans un effort pour proposer des pistes subtiles en histoire de l'art (chapitre 6) Muriel Salle et Fanny Gallot clarifient parfaitement le problème :

La sortie de l'universel masculin qui s'opère dans le courant des années 1970 en histoire, conséquence du surgissement des femmes dans un récit jusqu'alors unisexe, lui fait courir de nouveaux risques qu'Arlette Farge pointait dès 1984 : le cloisonnement, la « ghettoïsation » de femmes présentes dans les programmes et les manuels mais toujours à côté, jamais tout à fait avec leurs homologues masculins.

C'est l'un des intérêts de l'introduction du concept de « genre » en histoire, concept dont il faut toutefois donner une définition claire et ferme pour pouvoir en cerner toutes les implications Ce préliminaire paraît d'autant plus indispensable que « pour le moment (ce terme) joue surtout le rôle d'un label », dont le succès récent a d'ailleurs de quoi surprendre, une étiquette commode mais, hélas, souvent vidée de son sens.

L'histoire du genre n'est pas une appellation neuve de l'histoire des femmes, pas plus qu'elle n'est une histoire des hommes et des femmes. Elle est plutôt l'histoire des représentations bipolaires du monde et, secondairement, de l'incorporation de ces représentations par les acteurs sociaux. Utiliser le concept de « genre » dans le cadre de l'enseignement de l'histoire c'est donc postuler la construction culturelle et historique des identités sexuées et, plus généralement, le caractère particulièrement prégnant de la division du monde sur la base d'un partage entre ce qui est réputé masculin et ce qui est réputé féminin.

Me voici convaincu de l'utilité du terme « genre » en français !

Pierre Bourdieu fulminait – il m'en souvient – contre les sociologues qui s'imaginent atteindre la conscience des lecteurs en analysant le contenu de leurs lectures, qu'il s'agisse de journaux ou de manuels scolaires. Dans leur étude des « albums contre-stéréotypés et lecture offerte en grande section de maternelle » (chapitre 1) Christine Morin-Messabel et Séverine Ferrière ont entendu la voix du Maître de *La Domination masculine*. Mettant à profit les études sur les stéréotypes de « genre » de la littérature de jeunesse, elles se sont concentrées sur quatre ouvrages qui ont pris le parti de s'adresser aux enfants en renversant les stéréotypes. Mais elles ne se contentent pas de décrire, avec les outils rigoureux de la linguistique, la structure et le propos des ouvrages, elles ont, avec subtilité, recueilli les propos des enfants sur les moments et images qu'ils ont préférés, et sur les raisons de ces préférences. Le sociologue quantitatif ne peut retenir son admiration devant cette modeste note :

L'album *La Princesse et le Dragon* a été proposé à 21 élèves (11 garçons et 10 filles) ; *Un heureux malheur* à 19 (7 garçons, 12 filles), *Quand Lulu sera grande* à 24 (12 filles, 13 garçons) ; et *Longs cheveux* à 20 (8 garçons 12 filles).

Le sociologue qualitatif à ses heures peut inviter le lecteur à se précipiter sur le tableau où sont consignées, à la fin du chapitre toutes les réponses des enfants. Quelle authenticité ! Quelle fraîcheur ! Et quel beau travail ! Mais qu'on ne compte pas sur moi pour résumer les résultats de l'enquête, surprenants et propres à éclairer la pratique enseignante, et pas seulement en grande section de maternelle.

Ce même enracinement dans la vie enfantine anime le chapitre 2 consacré par Anne-Marie Mercier-Faivre au « corps en jeu dans la littérature de jeunesse ».

L'objet de la présente étude est ici de montrer comment l'identité sexuée ou genrée apparaît dans les albums et d'évaluer les efforts faits par certains albums contemporains pour mettre en évidence les stéréotypes et les combattre. À travers ces observations, nous montrerons quels moyens la littérature de jeunesse met en œuvre pour combattre les clichés et comment elle peut éviter de tomber dans l'élaboration de nouveaux clichés ou dans la littérature de propagande – terme pour nous proches de l'oxymore si l'on prend le mot « littérature » dans son sens restreint : production à visée plus esthétique que commerciale ou idéologique. On s'attachera essentiellement à la problématique du corps et de son apparence, ce qui offre des perspectives permettant de limiter le sujet tout en l'inscrivant dans un contexte plus vaste, celui du jeu et de la lecture.

La professeure de littérature remplit en effet son contrat, en débusquant, avec un grand « esprit de finesse », les maladresses associées aux efforts les plus louables et les sinuosités de l'évolution :

Un autre ouvrage de Christian Bruel avait fait sensation à la même époque que *Les Filles* d'Agnès Rosentiehl : *l'Histoire de Julie qui avait une ombre de garçon*, album fondateur des éditions du Sourire qui mord. Julie, en proie à des questions d'identité joue d'abord seule avec son corps, comme on le verra plus loin, avant de rencontrer un garçon qui lui aussi est dans le même refus de correspondre au rôle qu'on veut lui imposer. Pour l'édition jeunesse, c'était la belle époque de l'innocence et de tous les possibles, du jeu et des rencontres. Notre époque montre un esprit de sérieux. On peut en voir un exemple dans un bel album, *L'apprentissage amoureux* (Seuil Jeunesse, 2005) où dans les premières pages deux enfants se découvrent l'un et l'autre nus, mais ne se touchent pas. Le texte dit qu' « ils ont fait des tas de découvertes ensemble ». Ces découvertes sont de l'ordre d'une connaissance de l'autre qui se construit, mais elles désignent le long terme, celui d'une vie avec ses étapes. Elle est marquée par la question de la construction du couple, donc par une téléologie, plus que par celle, plus enfantine, de la pure curiosité et du jeu, de la jouissance de l'instant.

Mais si l'auteure remplit si bien son contrat, c'est aussi, me semble-t-il, que son propos est constamment tourné vers les problèmes de la réception des textes par les enfants, avec une acuité qu'elle doit sûrement à sa pratique de l'enseignement.

C'est aussi un grand souci de la vie scolaire que nous offre le chapitre 3 où Herilalaina Rakoto-Raharimanana, Vincent Porhel et Fanny Lignon étudient les stéréotypes de genre dans les manuels scolaires. Afin de travailler au plus près de la réalité, que rencontrent et vont rencontrer leurs étudiant(e)s, ils ont constitué un corpus de manuels récents de troisième (2007-2008) en trois disciplines, l'histoire-géographie et les mathématiques.

Enfin, au cœur de notre travail se situe l'appréciation de la dimension stéréotypée des images analysées. Stéréotypes et contre-stéréotypes sont des catégories qui n'ont rien de normatif et demandent donc à être contextualisées dans le cadre de l'étude. Ainsi, la dimension stéréotypée d'une image – au sens où elle avalise les représentations des rôles de sexe en cantonnant le sexe féminin à l'infériorité et le sexe masculin à la supériorité – peut être lue à plusieurs degrés en fonction de la sensibilisation du lecteur aux problématiques de genre. D'une autre manière, une image anodine (Pierre face à son ordinateur), peut devenir stéréotypée quand elle se répète (Pierre, Paul, Jacques face à leurs ordinateurs). L'étude menée, si elle permet d'observer et d'analyser les représentations à l'œuvre dans la production des données, n'a pas la prétention de saisir les processus d'identification de genre à l'œuvre. Ce dernier objectif supposerait et nécessiterait une investigation particulière qui inclurait une enquête de réception. Cependant, le travail mené depuis onze ans par l'IUFM de Lyon auprès des stagiaires en situation, travail qui a permis la rédaction de nombreux mémoires professionnels axés sur le genre, permet d'appréhender, dans une certaine mesure, le degré de perméabilité des élèves aux stéréotypes.

Cette base de données qui analyse 2200 images permet d'alerter les futur(e)s enseignant(e)s sur leurs instruments de travail et nous fournit de précieuses indications sur la variation du poids des stéréotypes de genre, selon la discipline et selon la sphère d'activité où se situe chaque image. Le vieux sociologue, qui a enseigné pendant trente ans la pratique du questionnaire, est particulièrement admiratif des prouesses exigées par le codage qualitatif des images, qui sont ici en quantité, et il vous renvoie aux analyses subtiles de la « Femme Moulinex », du « Vrai Frigidaire » et du « camping années soixante ». La présence dans l'équipe d'une spécialiste du cinéma et de l'audiovisuel s'est révélée sans doute indispensable.

Et c'est cette même spécialiste, Fanny Lignon, que nous retrouvons aux commandes du chapitre 4 « Analyse vidéoludique et stéréotypes de sexe ». Je croyais avoir, dans un souvenir de voyage, un bel exemple d'usage stéréotypant des jeux vidéo, qui sont nés bien après moi et auxquels je ne connais pas grand-chose. Me rendant dans un cybercafé de Kalimpong, modeste bourgade indienne de 40 000 habitants, je me vis prié de patienter car c'était le jour des enfants, congé scolaire oblige. La patronne prenant pitié me libéra un poste au bout d'une heure. Tout en envoyant mon mail, je m'intéressai à l'activité de mon jeune voisin : il observait sur l'écran une sorte de Promenade des Anglais, où s'activait un jogger. Après choix des armes, sans pitié pour le sportif californien, on passait à des choses plus sérieuses, telles que la pulvérisation d'automobiles. Je n'en vis pas plus, la patronne étant pressée de récupérer mon poste. Je passai rapidement derrière une fille qui écoutait, m'a-t-il semblé, une chanteuse, et juste avant la porte, je jetai un coup d'œil à un match Angleterre-France, conduit par deux collégiens et qui en était à 30 à 0 en faveur de... l'Angleterre. Pauvre Barthez ! J'avais donc ma petite anecdote « ethnographique » à narrer sur les jeux vidéo. Las, Fanny Lignon me fait remarquer que j'étais allé un peu vite :

De tous temps et en tous lieux, la transmission, par l'apprentissage, des rôles sociaux de sexe a été l'une des fonctions du jeu. Tous les jeux, de fait, peuvent être qualifiés de jeux de filles ou jeux de garçons. Quant aux jeux mixtes, leur appellation donne à penser puisqu'elle oblige à se poser la question quand bien même elle ne se pose pas !

Les jeux vidéo étant des jeux comme les autres, ils remplissent les mêmes fonctions, dont celle que nous venons de souligner. Certes, selon l'âge du joueur ou de la joueuse, il s'agira d'apprentissages premiers ou de renforcements des acquis. Le principe cependant reste le même. Le jeu propose des modèles du masculin et du féminin qui participent à la construction des identités sexuées, des rôles de sexes et des stéréotypes de sexes.

Surtout, je m'en étais tenu aux évidences premières. Et par exemple, j'aurais pu me dire qu'un cybercafé indien était un espace public, comme une cour de récréation, avec ses obligations et je me dis aujourd'hui que je n'ai vu que ce qui comblait mes attentes.

À la question « les jeux vidéo mettent-ils en scène des stéréotypes de sexes ? », difficile, spontanément, de répondre autrement que par l'affirmative pour quiconque a pu admirer les « tablettes de chocolat » et le « double air bag » dont sont parfois dotés les héros et héroïnes virtuelles. Cette question toutefois, dans un deuxième temps, se révèle plus complexe qu'il n'y paraît. Parce que l'excès de masculinité ou de féminité n'est jamais identique et encore moins systématique. Parce que le physique des personnages n'est pas l'unique véhicule des stéréotypes. Quand bien même on reprendrait l'exemple que nous avons cité, rien n'interdit de penser que cette hypersexualisation cache quelque chose.

Fanny Lignon propose une analyse du champ en trois zones : fabrication du jeu, le jeu lui-même et sa mise en œuvre. À chacun de ces niveaux peuvent se développer des stéréotypes mais aussi des jeux sur les stéréotypes, des transgressions, qui ne seront perceptibles qu'avec une connaissance précise de cet univers riche et étrange. Tant pis pour moi, qui ai tout au plus manipulé deux fois, il y a bien longtemps, *Space Invaders* sur la Texas Instrument de mon fils ! Mais tant mieux pour les étudiant(e)s de l'IUFM et pour leurs élèves, qui, comme on dit, sont « nés avec » sinon « dedans » : la méthodologie de Fanny Lignon redoublera leur vigilance critique.

C'est cet objectif que vise aussi explicitement à atteindre Sigolène Couchot-Schiex, dans son étude anthropologique du chapitre 5 intitulée « Les normes de sexes dans les interactions enseignant.e et élèves. Deux études de cas en Éducation Physique et Sportive ». Elle observe avec une grande attention le déroulement de séances d'EPS consacrées à l'acrosport en Seconde et à la danse en sixième dans des domaines qu'elle sait plus souvent pratiqués par les filles, en dépit des injonctions égalitaristes des programmes. Mais la bonne volonté procédurale, fût-elle officielle, a moins d'empire sur le réel que les stéréotypes diffus chez tous les acteurs :

Les interactions entre les acteurs de la classe sont formatées par un modèle culturel implicite du féminin et du masculin qui reproduit les valeurs traditionnelles et véhicule des façons d'interagir entre les sexes dans la classe. Ces normes culturelles et sociales sont souvent transmises inconsciemment par des implicites qui s'actualisent au quotidien dans des situations parfois anodines. L'exemple suivant m'a été rapporté par une enseignante stagiaire de retour de stage et qui a dû reconnaître sidérée, qu'elle s'était entendue dire à un petit garçon tombé dans la cour que « ça ne pleure pas les p'tits gars ! ».

Cet exemple est saisissant, mais le lecteur pourra méditer le caractère systématique des remarques qu'une enseignante adresse aux filles de seconde, tout comme, en sixième, l'instauration sur le vif d'un « curriculum caché » avec l'exigence inopinée en fin de séance de figures d'acrosport plus compétitives. Les analyses précises du matériau empirique sont précieuses pour le chercheur, mais surtout pour l'enseignant débutant ou non, qui s'efforce de construire une ligne de conduite juste et cohérente, sans attendre l'abolition révolutionnaire de tous les stéréotypes.

Le chapitre 7, de la même auteure, intitulé « Habillage de la tâche et adhésion aux stéréotypes. Une expérimentation en EPS. Étude longitudinale de la maternelle à la classe de Troisième de collège », vient à point confirmer ces résultats. La présentation de tâches gymniques selon un habillage « féminin » (esthétique) ou « masculin » (combat) à 222 élèves échelonnés de 3 à 15 ans permet un suivi détaillé de l'ancrage temporel des stéréotypes.

Les résultats ont un intérêt scientifique évident, mais ils ont aussi un rôle d'alerte pédagogique.

C'est aussi la fonction principale du chapitre 6 : « Femmes ? Genre ? Mixité ? Quelles nouvelles perspectives pour l'enseignement de l'histoire » de Muriel Salle et Fanny Gallot. Nous avons cité en commençant cette préface un extrait de ce chapitre qui a bouleversé nos « prénotions » sur le genre. Cette analyse de l'évolution récente des programme permet non seulement de prendre un peu plus de recul par rapport à la « doctrine », mais surtout, comme pour l'EPS, de suivre ce mot d'ordre vraiment « subversif », familier pourtant aux enseignants de bonne volonté : « s'appuyer sur les programmes pour les transformer ».

Dans le dernier chapitre « Transmission de représentations genrées chez les formateurs et formatrices dans l'enseignement du 1er degré », Séverine Ferrière m'offre une sorte de « temps retrouvé », celui, où découvrant à Nice, en 1985, la linguistique quantitative, nous étions quelques-un(e)s à apercevoir le bout du chemin du codage des questionnaires. En effet, nous aimions bien faire figurer dans nos enquêtes des questions ouvertes, ou, mieux, pratiquer des entretiens. Le qualitatif est plein de charme. Mais si c'est pour le quantifier grâce à des codages brutaux, à quoi bon ? Les linguistes quantitatifs qui tenaient congrès à Acropolis nous ont proposé des solutions, en soumettant directement les textes non transformés à l'analyse statistique. Séverine Ferrière se sert du beau logiciel, Alceste, de Max Reinert, et elle lui soumet avec brio les 114 rapports des formatrices et des formateurs en visite dans les classes des stagiaires des trois cycles. L'analyse automatique permet de déceler ici sept classes distinctes de termes co-occurrents, et d'associer à chacune d'entre elles les locuteurs (hommes ou femmes), les stagiaires (hommes ou femmes) et les classes visitées (Cycle 1, Cycle 2, Cycle 3). C'est passionnant. Et, une fois de plus dans cet ouvrage, le rendez-vous attendu avec les stéréotypes de genre ne verse jamais dans la caricature. Et c'est à ce prix que la recherche peut aider à la formation.

Ouvrir les yeux des « futur(e) » enseignant(e)s sur les réalités concrètes et complexes de l'enseignement en mobilisant toutes les branches de la recherche, voilà bien un trait essentiel de la culture des IUFM. Ce beau livre atteste que, contre vents et marées, cette culture prospèrera.

Introduction

Christine Morin-Messabel
Maîtresse de Conférences en Psychologie
Université Lyon 2, GRePS

Muriel Salle
Maîtresse de Conférences en Histoire
Université Claude Bernard Lyon 1
IUFM de l'académie de Lyon, CRIS

La question du genre et de son enseignement a fait débat au cœur de l'été 2011. Elle est au cœur d'une actualité brûlante et met le monde enseignant en émoi. Pourtant, malgré cette découverte médiatique récente, ces problématiques ne sont pas nouvelles. En contexte scolaire, cela fait déjà plus de dix ans que le genre est l'objet de réflexions et de recherches, et le mot « genre » lui-même ne semble plus vraiment poser problème. Il paraît intégré au vocabulaire courant, notamment à celui du politique, et il est à ce point usité qu'il finit par faire figure de label vide de sens plutôt que de notion complexe et problématique.

On en fait en effet souvent un usage abusif : le « genre » remplace régulièrement le « sexe », perdant largement de sa dimension critique en devenant, de fait, une sorte d'euphémisation stratégique dissimulant un positionnement politique militant. « Cet usage de "genre" est un aspect de ce qu'on pourrait appeler la recherche d'une légitimité institutionnelle par les féministes » (Scott, 1998, p.129). Pourtant le terme français est la traduction de l'intraduisible *gender* (Cassin, 2004) et il a d'abord été très mal accueilli en France. La Commission générale de terminologie et de néologie considère même son usage comme abusif : « Le sens en est très large, et selon l'UNESCO, "se réfère aux différences et aux relations sociales entre les hommes et les femmes" et "comprend toujours la dynamique de l'appartenance ethnique et de la classe sociale". Il semble délicat de vouloir englober en un seul terme des notions aussi vastes ». En dépit de ces débats sémantiques, le terme s'est pourtant imposé en sciences humaines et connaît aujourd'hui un indéniable succès.

Dans les programmes récemment réformés de sciences et vie de la terre, conformément à une circulaire du 30 septembre 2010, il est prévu d'intégrer en Première un chapitre intitulé « Devenir homme ou femme ». Pour les organisations catholiques, ces nouveaux programmes de biologie qui semblent montrer – enfin ! – aux lycéens que l' « on ne naît pas femme [ou homme], on le devient » sont dangereux parce qu'ils contestent les différences homme / femme. On est effectivement très loin de l'anthropologie catholique qui affirme que « Homme et femme, il les créa » (Genèse, 1, 27) si l'on reprend les théories des biologistes féministes, élaborées aux États-Unis dans le courant des années 1980 qui, prenant le relai d'historiennes, contestent le statut immuable et a-historique du corps sexué. Dans un premier temps, l'existence d'un « socle biologique non historique de l'identité féminine » (Martin, 1987) est maintenue mais, bientôt, l'apparente évidence a-historique des « faits biologiques » est également remise en cause et l'idée d'un corps naturel est battue en brèche. L'apport de la sociologie des sciences permet de souligner qu'il n'y a pas de vérité naturelle sur le corps qui ne soit donnée directement et sans intermédiaire. En conséquence, le statut des connaissances biomédicales se trouve considérablement réévalué. Il n'y a pas de réalité naturaliste du corps. Celle-ci est créée par les scientifiques comme objet de leurs investigations (Duden, 1991) : c'est l'approche très féconde proposée par le constructivisme social des sciences. Le programme de Première incriminé par les organisations familiales défend-il ces idées ? Loin s'en faut. Pour montrer aux lycéens que l'on devient homme ou femme, on étudie « la mise en place des structures et de la fonctionnalité des appareils sexuels [qui] se réalise sur une longue période qui va de la fécondation à la puberté, en passant par le développement embryonnaire et fœtal », ce qui paraît être difficilement contestable. Il s'agit d'abord de « caractériser à partir de différentes informations et à différentes échelles un individu de sexe masculin ou de sexe féminin », ce qui n'est d'ailleurs pas une mince affaire puisque le sexe biologique, comme presque tous les traits biologiques complexes, se présente en continuum avec, sur ses extrêmes, les « sexes biologiques » bien définis et, au milieu, une multitude de formes intermédiaires. En cela il s'oppose d'ailleurs au sexe social, bien plus clairement construit sur le modèle binaire qui distingue masculin et féminin. Pourquoi enseigner ces idées ? Certes, ces théories sont susceptibles de perturber la représentation d'un monde bisexué communément partagée par les élèves, mais n'est-ce pas justement le but de tout enseignement que de déconstruire les idées préconçues, afin de sortir du registre de l'opinion pour accéder à celui de la connaissance ? Inviter les élèves à « différencier, à partir de la confrontation de données biologiques et de représentations sociales ce qui relève de l'identité sexuelle [d'une part], [les] rôles en tant qu'individus sexués et leurs stéréotypes dans la société, qui relèvent de l'espace social [et ce qui est de l'ordre] de l'orientation sexuelle qui relève de l'intimité des personnes » constitue une démarche très féconde : c'est une étape indispensable dans l'accession à une véritable égalité entre hommes et femmes. Car c'est derrière l'affirmation de différences fondées en nature que s'embusquent les plus radicaux des opposants à l'égalité des sexes. Il n'y a pas de meilleur moyen pour affirmer qu'un principe est intangible. Dès lors, conduire les élèves sur la voie d'une analyse critique des savoirs scientifiques, qui leur montre que même « prouvée scientifiquement » une affirmation reste questionnable, relève de l'éducation à la citoyenneté, puisque cette dernière ne saurait justement s'exercer sans esprit critique.

Mais au-delà de cette actualité brûlante autour des théories du genre, il nous semble que la question de la mixité à l'école, et du rôle de l'institution scolaire dans la lutte contre les stéréotypes de sexes est plus que jamais d'actualité. Grâce à un volontarisme politique déjà ancien, sur lequel nous reviendrons, un certain nombre d'actions ont été mises en œuvre avec succès. Pourtant, l'égalité des sexes n'est toujours pas une réalité à l'école : on le constate dans les programmes, dans les pratiques d'enseignement, dans les choix d'orientation. C'est donc entre bilan et prospective que se positionne le présent ouvrage. Bilan d'abord, parce qu'à l'IUFM de Lyon, intégré depuis 2007 à l'Université Claude Bernard-Lyon 1, cela fait déjà plus de 10 ans que des enseignant.e.s-chercheur.se.s et des formateurs.trice.s s'interrogent sur la question des stéréotypes de sexe en contexte scolaire. L'IUFM de Lyon est, en effet, un institut universitaire de formation des maîtres pilote en matière d'éducation à l'égalité entre filles et garçons. Cette responsabilité d'innovation lui a en effet été officiellement conférée par la Convention interministérielle sur l'égalité de 2000. C'est dans ce cadre, et pour remplir cette mission, que l'IUFM de Lyon s'est doté d'un fonds documentaire sans équivalent en France : le fonds Aspasie pour l'histoire des femmes et le genre en éducation. Résultat d'une politique d'acquisition volontariste le fonds Aspasie, qui a bénéficié à ses débuts de financements européens par le biais du Fond Social Européen (FSE), compte aujourd'hui plusieurs milliers d'ouvrages et de nombreuses revues (une trentaine d'abonnements) en plusieurs langues européennes (allemand, anglais, espagnol, français, italien, portugais). Il reflète la diversité des recherches qui se sont effectuées sur ce thème depuis plus de trente ans en Europe et dans le monde, et acquiert très régulièrement les publications les plus récentes.

Outre cette politique d'acquisition documentaire hors du commun, une volonté politique forte a alimenté ce dynamisme, dans un premier temps incarné par Michelle Zancarini-Fournel, alors professeure des universités en histoire des femmes et du genre à l'IUFM de Lyon, en association avec Francine Demichel, à l'époque directrice de l'enseignement supérieur au ministère de l'Éducation nationale. Aujourd'hui, la réflexion initiée au début des années 2000 se poursuit, soutenue par un groupe de recherche, le GEM – Genre Égalité Mixité, qui a notamment été à l'initiative d'un colloque international organisé en juin 2010 (Morin-Messabel, 2013), destiné à rendre compte des recherches théoriques et pratiques sur la prise en compte des questions de genre dans le domaine de la formation des enseignant.e.s. Depuis plusieurs années, cette équipe travaille à la prise en compte du genre dans la formation, dans le cadre de la convention sur la promotion de l'égalité entre les filles et les garçons, les femmes et les hommes, dans le système éducatif.

En effet, la mise en place institutionnelle de la mixité scolaire en 1976 n'a pas suffi à garantir la construction d'une véritable égalité entre filles et garçons à l'école.

Le GEM veut d'abord être un lieu d'échange privilégié parce qu'il permet de nouer des collaborations entre collègues issu-e-s de disciplines diverses – depuis l'Éducation Physique et Sportive et l'histoire jusqu'à la littérature germanique, la philosophie ou l'audiovisuel – ce qu'interdit habituellement le cloisonnement universitaire par discipline. Chacun-e mène donc, dans ce cadre résolument interdisciplinaire, des travaux de recherche ayant trait aux questions de genre en éducation. Mais le GEM entend également être un « groupe ressource » au sein de l'IUFM de Lyon, un groupe capable de faire des propositions de formation ambitieuses aux enseignant.e.s et futur-e-s enseignant.e.s. Le présent ouvrage souligne cette double vocation : il s'agit bien de présenter ici à la fois les résultats de recherches théoriques, mais aussi des éléments relatifs à des recherches appliquées permettant d'envisager des pistes de réflexion et d'expérimentation fécondes pour les enseignant.e.s.

Ces recherches s'inscrivent dans un cadre légal particulièrement important, l'Éducation nationale s'étant saisie de la question de la mixité en général, et des stéréotypes de sexe en particulier, depuis longtemps déjà. Un rappel concernant ces textes qui encadrent la pratique des enseignant.e.s apparaît nécessaire pour plusieurs raisons. En premier lieu, cela tombe sous le sens, ces documents doivent être connus pour être effectivement traduits en actes. D'autre part, le rappel de ce cadre législatif fournit une réponse aussi simple qu'efficace aux détracteurs de la réflexion sur le genre et la mixité dans le cadre scolaire. Disons-le clairement : la réflexion sur les questions d'égalité entre filles et garçons dans le cadre scolaire ne relève pas du militantisme. En traiter c'est simplement « agir en fonctionnaire de façon éthique et responsable », c'est-à-dire appliquer la loi. Alors, qu'en est-il de ce cadre légal ?

La première convention concernant l'égalité entre hommes et femmes dans le système éducatif date des années 1980. Cette décennie voit en effet le début des actions pour l'égalité dans le domaine scolaire, notamment en matière d'orientation et pour la promotion de choix professionnels plus diversifiés pour les élèves. L'importance du langage en la matière apparaît ici essentielle. En effet, comment envisager de s'orienter vers tel ou tel métier si le mot pour le dire n'existe pas. Impossible de s'envisager « pompière ». De même, il paraît difficile de vouloir être « sage-femme » quand on est un jeune homme. Yvette Roudy, alors ministre des Droits de la Femme, met donc en place en 1984 une commission de terminologie chargée de la féminisation des noms de métier et de fonction. Le but avoué est bien « l'accession des femmes de plus en plus nombreuses, à des fonctions de plus en plus diverses ». Viennent ensuite les premiers textes concernant plus spécifiquement l'enseignement.

Le 14 septembre 1989, le secrétaire d'État chargé des Droits de la femme et le secrétariat d'État de l'Enseignement technique signent une convention. Alors que « le pays manque d'ingénieurs et de techniciens », il s'agit essentiellement d'aider à diversifier l'orientation des jeunes filles en favorisant leurs accès aux formations industrielles, techniques et scientifiques. On constate en effet une nette asymétrie entre filles et garçons dans leurs stratégies d'orientation, asymétrie qui s'observe principalement au niveau des filières scientifiques et techniques. L'initiative n'est pas nouvelle. On se souvient ainsi que, en 1982, à l'occasion des débats sur l'égalité des chances entre hommes et femmes dans l'emploi, débats lancés par Yvette Roudy, on évoquait déjà cette nécessité pour filles et garçons d'acquérir la même formation. Mais à la fin des années 1980, la problématique de la diversification de l'orientation des jeunes filles prend une place importante dans les projets d'établissement. On prend ainsi conscience de la nécessité d'améliorer les conditions matérielles de leur accueil (vestiaires, sanitaires, internats, ateliers) et de réfléchir sur une « pédagogie » qui serait mieux vécue par les filles, dans le cadre des enseignements professionnels, notamment lorsqu'elles sont « pionnières » dans ces filières. Précisons que l'ensemble de ces questionnements restent encore d'actualité même si aujourd'hui la question de la non-diversification des choix d'orientation n'est plus seulement envisagée du point de vue des filles. En effet, les filles comme les garçons voient leurs choix d'orientation limités par le jeu des stéréotypes de sexe.

Ces réflexions déjà anciennes ont été réactivées voici 11 ans. Le 25 février 2000, ce sont pas moins de 5 ministres qui ont signé une convention pour la promotion de l'égalité des chances entre les filles et les garçons, les femmes et les hommes dans le système éducatif. Cette convention tente d'aller plus loin que celle de 1989 en définissant une politique globale d'égalité des chances, et ce « du préélémentaire à l'enseignement supérieur, de la formation initiale à la formation tout au long de la vie ». De plus, il n'est plus seulement question d'élargir les perspectives d'orientation des seules filles, mais de veiller à « la possibilité d'accéder à tous les rôles sociaux » pour les filles comme pour les garçons, et d'assurer « la promotion d'une éducation fondée sur le respect mutuel des deux sexes ». Quels sont les enjeux prioritaires définis par cette convention ? Quatre groupes de travail sont mis en place à la Direction de l'enseignement supérieur pour dresser un état des lieux et amorcer une mobilisation sur l'égalité des chances : statistiques sexuées, actions dans les IUFM, enseignement et recherches sur les femmes et le genre dans les universités. Il s'agit essentiellement d'offrir des choix professionnels plus vastes aux filles et aux garçons, ainsi qu'une meilleure accessibilité pour toutes et tous à tous les rôles sociaux. C'est donc un travail de lutte contre les stéréotypes qui doit être mené afin de promouvoir une éducation fondée sur le respect mutuel des deux sexes. Le but est de faire prendre conscience à tous les acteurs de la communauté éducative, aux parents et aux élèves, de l'importance de l'orientation en termes d'insertion professionnelle, et de mettre en perspective les risques des stéréotypes attachés aux rôles sociaux féminins et masculins dans ce choix d'orientation. De ce fait, la convention cherche à améliorer l'équilibre entre les filles et les garçons dans le choix des filières et des métiers. Cet objectif ambitieux se veut égalitaire, respectueux des différences, et exige une « action dès le plus jeune âge sur les représentations des rôles respectifs des hommes et des femmes ». Pour cela, de nombreuses actions sont proposées et une attention particulière est portée au choix des manuels scolaires et des livres de littérature jeunesse dès les classes de primaire. Cette promotion de l'égalité des chances passe par une formation spécifique de toute la communauté éducative, notamment au sein des IUFM, avec pour finalité « l'élargissement des choix professionnels des filles et des garçons, les rôles sociaux des hommes et des femmes, l'identification des stéréotypes ». La convention propose, entre autres, une diffusion auprès des enseignants de matériels pédagogiques adaptés comme la brochure *Filles et garçons à l'école, une égalité en construction* (Vouillot, 2000). Enfin, l'accent est mis sur la valorisation du rôle des femmes dans les enseignements dispensés et sur la nécessité d'assurer l'égalité d'accès aux postes de responsabilité.

La convention de 2000, d'abord prorogée, a finalement été poursuivie par une seconde convention pour l'égalité entre filles et garçons dans le système éducatif, signée le 29 juin 2006 et impliquant cette fois-ci 8 ministères. Ce nouveau texte part, hélas, des mêmes constats que 6 années auparavant : les filles réussissent toujours mieux que les garçons sur le plan scolaire. Toutefois, elles demeurent encore insuffisamment présentes dans les filières les plus prestigieuses et les plus porteuses d'emplois. On dispose désormais de statistiques sexuées annuelles, dont la constance est particulièrement frappante. La convention de 2006 insiste donc sur la réaffirmation d'une volonté : il s'agit d'améliorer l'orientation scolaire et professionnelle des filles et des garçons pour une meilleure insertion dans l'emploi, d'assurer auprès des jeunes une éducation à l'égalité entre les sexes, et ce dès le plus jeune âge, et d'intégrer l'égalité entre les sexes dans les pratiques professionnelles et pédagogiques des acteurs et actrices du système éducatif. Les parties signataires de cette convention s'engagent à renforcer l'action interministérielle pour la promotion de l'égalité des chances entre les sexes dans le système éducatif. Une action menée dès les classes de maternelle jusqu'à l'enseignement supérieur engage l'ensemble des acteurs et actrices du système éducatif. De cette manière, la nécessité de combiner la mise en œuvre d'une approche intégrée de l'égalité se traduit par la prise en compte de la dimension sexuée dans l'ensemble de la démarche éducative, avec l'instauration de mesures spécifiques en direction des filles, permettant ainsi « aux filles et aux garçons de sortir de tout déterminisme sexué de l'orientation, pour laquelle les aspirations et les compétences doivent prévaloir ». Cette convention insiste sur le fait que c'est à l'école que s'apprend l'égalité entre filles et garçons, puis hommes et femmes.

Il faut ajouter à ces textes les dispositions du Code de l'éducation (article L.12-1) qui, depuis sa modification par la loi d'orientation et de programme pour l'avenir de l'École de 2005, affirme que « les écoles, les collèges, les lycées et les établissements d'enseignement supérieur [...] contribuent à favoriser la mixité et l'égalité entre les hommes et les femmes, notamment en matière d'orientation ». Pour la première fois, un texte législatif pose ainsi la question des conséquences de la mixité scolaire en termes d'égalité des sexes. Il était temps, car il y a longtemps que des élèves de sexes différents se côtoient sur les bancs de l'école en France, fréquentant un même espace et recevant, en principe, un même programme d'enseignement (dans le secondaire, c'est le décret dit « Léon Bérard » de 1924 qui précise que le contenu de l'enseignement doit être le même pour les filles et pour les garçons). Dès le dernier tiers du XIXe siècle, certaines classes à petits effectifs ont ainsi été jumelées, par souci d'économie, au sein de communes principalement rurales. On parle alors de « gémination » (Zancarini-Fournel et Thébaud, 2003 ; Zancarini-Fournel, 2004). C'est donc d'abord une construction par défaut, qui perdure en partie dans l'entre-deux-guerres et même après 1945 en France et dans les lycées français à l'étranger. Ainsi en 1933, plus de la moitié des communes ont une école mixte et le ministre de l'Instruction publique défend le co-enseignement, la co-instruction. Filles et garçons fréquentent les mêmes établissements, mais l'enseignement dispensé aux unes et aux autres diffère considérablement. La « mixité » quant à elle, c'est-à-dire la fréquentation d'un même établissement par les garçons et les filles qui sont éduqués en commun dans les mêmes classes, sans distinction de sexe, est surtout acclimatée par un débat dans les revues pédagogiques des années 1950. Et elle ne s'impose dans l'institution scolaire que le 11 juillet 1975, en vertu de la loi

Haby dont les décrets d'application datent quant à eux du 28 décembre 1976.

Dans le domaine de la recherche, les questions de la mixité et des stéréotypes de sexes se posent également depuis plusieurs années. Le constat du caractère sexué des choix d'orientation a ainsi induit de nombreux travaux concernant les appartenances de sexe et les différences dans les rapports au savoir : il s'agit par exemple de comprendre quels mécanismes sont à l'œuvre et influent sur la représentation genrée des disciplines scolaires ou des secteurs professionnels. On ne se contente plus, comme il y a quelques décennies, de constater la moindre présence des filles dans les secteurs des sciences et techniques. On s'interroge également sur la quasi-absence de garçons dans un certain nombre de secteurs d'avenir, comme les services à la personne par exemple. D'autres travaux ont porté sur les facteurs de reproduction des rapports sociaux de sexe au sein du système éducatif : comment s'organisent les relations entre pairs en situation de mixité ? Quelles sont les conséquences observables de la mixité sur les interactions entre maître et élèves ? Les représentations du féminin et du masculin, des femmes et des hommes dans les manuels scolaires ou les albums utilisés en classe jouent-elles un rôle en la matière ? Ce sont les STAPS (Sciences et Techniques des Activités Physiques et Sportives) qui ouvrent ce champ particulièrement fécond de réflexion dès 1986. La *Revue EPS* publie alors, sous la direction d'Annick Davisse, un numéro consacré à la question des mixités (Davisse, 1986), la différence des sexes n'étant qu'une de celles qui sont alors prises en considération. Les sciences de l'éducation suivent rapidement avec, notamment, les travaux de Marie Duru-Bellat qui souligne dès 1990 l'importance de la formation scolaire dans la préparation aux rôles sociaux de sexe. Depuis, des recherches sur le sujet ont été conduites dans toutes les disciplines scolaires et universitaires, et elles sont à ce point foisonnantes qu'il est impossible d'en faire ici une présentation qui leur rende justice. Soulignons simplement que ces travaux poursuivent une double finalité. Il s'agit en effet de comprendre les processus qui sont à l'œuvre en situation de mixité dans un contexte scolaire, mécanismes qui génèrent des inégalités entre filles et garçons, et de faire en sorte de les infléchir dans le sens d'une plus grande égalité.

Les recommandations institutionnelles nous ont encouragé.e.s à poursuivre dans cette voie. Dès 2000, la convention interministérielle s'était fixé pour objectif essentiel la mise en évidence de la dimension sexuée des choix d'orientation et la promotion d'une éducation fondée sur le respect mutuel. Elle soulignait l'existence de « représentations des rôles respectifs des hommes et des femmes ». En 2006, pour la première fois, la notion de « stéréotype de sexe » apparaît clairement dans un texte institutionnel, de même que la notion de « sexisme », discrimination fondée sur l'appartenance de sexe, et de « violence sexiste » qu'il convient de prévenir et de combattre pour assurer une véritable « éducation à l'égalité entre les sexes ». Ces recommandations ont été réaffirmées dans les textes de cadrage préparant la rentrée 2010 : il s'agit en effet expressément de « prévenir et lutter contre la violence et les discriminations », en conformité avec l'un des cinq principes directeurs définis à cette occasion et qui consiste à « responsabiliser les équipes et les élèves à tous les niveaux ». Il est rappelé à l'occasion que les établissements doivent veiller à la promotion de « l'égalité entre les sexes à tous les niveaux d'enseignement, par un apprentissage précoce qui permet de combattre les représentations stéréotypées et de construire dès la maternelle d'autres modèles de comportement, notamment en matière de choix et d'ambition scolaires ». Si la question de l'orientation est ici, toujours, sous-jacente, la notion de stéréotype est, elle, très explicitement formulée.

Cette notion est centrale dans les recherches présentées dans le présent ouvrage par les membres du GEM, parce qu'elle autorise une approche interdisciplinaire de ces problématiques. Introduit en sciences sociales par Walter Lippmann en 1922, avec son ouvrage intitulé *Public Opinion*, le terme « stéréotype » est beaucoup plus ancien, mais il a connu d'importantes évolutions de sens. Lippmann désigne ainsi les images que nous nous construisons au sujet des groupes sociaux, des croyances dont il souligne la rigidité par le recours à ce terme emprunté au domaine de l'imprimerie. Pour Lippmann, ces images nous sont indispensables pour faire face à la complexité de notre environnement social. Elles nous permettent de simplifier la réalité pour que nous soyons en capacité de nous y adapter plus facilement. Les stéréotypes sont donc des outils qui doivent nous permettre de donner du sens au monde qui nous entoure, des schémas qui doivent nous simplifier le rapport à autrui, en lien avec le processus de catégorisation sociale. Les stéréotypes relèvent du système cognitif de l'individu, c'est-à-dire de l'ensemble des croyances que possède un individu par rapport aux caractéristiques, positives ou négatives, des membres d'un groupe donné (Guimond, 2004). Mais ces « images dans la tête » ont également une fonction d'utilité sociale, voir de légitimation de rapports sociaux asymétrique. Ils sont à relier à la notion de « préjugé » et peuvent être sources de comportements discriminatoires. La notion de « stéréotype » est donc complexe et ambivalente : structurants pour la pensée, ils sont nécessairement rigides, mais l'histoire montre qu'ils évoluent aussi en lien avec l'évolution des mentalités et des rapports entre les différents groupes sociaux. Les stéréotypes sont des outils précieux pour l'individu qui les utilise (Yzerbyt et Schadron, 1999), mais ils conduisent également le sujet à établir des généralisations qui amènent parfois à commettre des erreurs de jugement. Ainsi, nécessaires pour appréhender l'altérité, les stéréotypes figent aussi les représentations de l'Autre, interdisant tout rapport réel avec lui. Rigides, puisque étymologiquement coulés dans du plomb, ils sont aussi plastiques. Le stéréotype n'est donc pas figé, mais encore faut-il prendre la peine d'en examiner les évolutions à l'aune de l'histoire des idées et des rapports sociaux. C'est également une notion propice au travail interdisciplinaire : née dans le champ de la psychologie, elle intéresse les historiens, mais aussi les sociologues. De manière générale, c'est une notion clé pour les enseignant.e.s puisqu'elle structure tout rapport à l'autre : elle est au cœur de la relation entre maîtres et élèves, comme elle sous-tend les relations entre pairs. C'est aussi un enjeu d'éducation fort : une des finalités de l'école n'est-elle pas de lutter contre toute forme de préjugé ou d'idée préconçue ? La réflexion sur les problématiques de genre peut ainsi trouver toute sa place dans le cadre du socle commun de connaissances et de compétences défini pour toutes et tous les élèves en 2006, et plus particulièrement du pilier 6 « Acquisition des compétences sociales et civiques ». Puisque « l'école doit préparer les enfants à vivre en société », autant faire en sorte que leur formation scolaire leur permette d'espérer vivre dans une société plus égalitaire.

Une réflexion sur les stéréotypes de sexe intéresse donc autant les enseignants que les parents et les élèves, elle permet d'interroger les savoirs eux-mêmes comme le rapport aux savoirs. Comment débusquer et interroger ces stéréotypes ? Quelles sont leurs conséquences du point de vue éducatif ? Que peut-on faire pour lutter contre ces éléments stéréotypés en éducation ? Quelles actions égalitaires peut-on mettre en place pour moduler ces croyances « fixistes » ? Voilà quelques questions auxquelles le présent ouvrage se propose de répondre, en présentant à la fois des pistes de réflexion et des idées d'action, des recherches actuelles de terrain et des propositions d'applications pédagogiques. Entre théorie et pratique, il veut porter un regard original et interdisciplinaire sur la formation des enseignant.e.s en particulier, et sur les stéréotypes de sexe à l'œuvre dans le monde éducatif.

L'ouvrage s'ouvre par une analyse des outils d'enseignement mis en œuvre en classe. Le travail de Christine Morin-Messabel et Séverine Ferrière porte sur des albums de jeunesse et sur les usages qui peuvent en être faits dans le cadre d'une éducation à la question des stéréotypes. De nombreuses études se sont intéressées à ce support de socialisation primaire, vecteur essentiel de représentations sociales fortes. L'Association Du côté des filles fait dans ce domaine figure de pionnière. Créée en 1994, elle s'est fixé pour objectif d'élaborer un programme d'élimination du sexisme dans le matériel éducatif, de promouvoir des représentations anti-sexistes, de produire et diffuser des outils de sensibilisation destinés aux maisons d'édition, aux créatrices et créateurs, aux parents, aux pouvoirs publics. Elle a également mené un programme de recherche européen sur les albums illustrés, en lien avec la question de l'égalité filles/garçons qui a donné lieu à plusieurs publications (*Du côté des filles*, 1997 et 1998). Des labels ont également été créés, qui permettent d'identifier les publications soucieuses de l'égalité des sexes et du respect de la diversité sexuelle, à l'instar de Lab-Elle, qui permet d'identifier les albums « attentifs aux potentiels féminins ». L'étude menée par Christine Morin-Messabel et Séverine Ferrière permet de souligner les conséquences à court et à long terme des stéréotypes de sexes activés par les albums de jeunesse chez les jeunes enfants. Elle montre aussi que la lecture d'ouvrages contre-stéréotypés ne suffit pas à résoudre le problème, loin s'en faut, et conclut à la nécessité de penser des albums plus créatifs, permettant aux enfants de mener une réflexion plus aboutie sur la question des relations interpersonnelles. C'est vers la publication d'albums véritablement mixtes, plutôt que contre-stéréotypés ou neutres, proposant des modèles d'identifications plus diversifiés aux jeunes lecteurs-trice-s qu'il faut tendre. Ces réflexions sont partagées par Anne-Marie Mercier-Faivre qui précise que tous les possibles humains doivent être présentés aux élèves par le biais de la littérature de jeunesse, qu'ils veuillent ou non les expérimenter. Car n'est-ce pas justement une des fonctions de la littérature que d'ouvrir toute grande la porte de l'imaginaire ? Bref, c'est à un élargissement du champ des possibles pour tous et toutes qu'il faut aspirer. Toujours dans le cadre d'une étude des supports d'enseignement, Vincent Porhel, Herilalaina Rakoto-Raharimanana et Fanny Lignon proposent une analyse de manuels scolaires, supports pédagogiques essentiels, souvent révélateurs de la société qui les produit, dans ses travers comme dans ses évolutions positives. Leur article souligne l'important travail de contextualisation qui est indispensable pour débusquer les stéréotypes dans les images et des textes présentés aux élèves. Une image n'est pas porteuse de stéréotype en soi : outre ce qu'elle montre, il faut tenir compte de ce qu'on lui fait dire, de la manière dont elle est mise en œuvre, à quelles fins pédagogiques et pour dire quoi. Les auteurs concluent, en parfaite conformité avec la convention interministérielle de 2006, à la nécessité d'inciter encore « les professionnels de l'édition (…) à écarter tout stéréotype sexiste de ces supports pédagogiques », afin de promouvoir une éducation à l'égalité pour filles et garçons. On en vient ensuite au travail proposé par

Fanny Lignon, qui nous invite à quitter le contexte scolaire au sens strict pour s'intéresser à un médium emblématique de la culture des enfants d'aujourd'hui : les jeux vidéos. Les très nombreuses pistes de réflexion qu'elle propose de suivre soulignent combien une approche genrée de cette pratique ludique peut se révéler pertinente, et posent avec efficacité les jalons d'une réflexion de grande envergure. Au-delà de la seule sphère scolaire, et au-delà des seules images, son analyse invite à considérer les interactions, entre images et sons, et entre joueur.se.s et jeux, dans une approche aussi passionnante que complexe.

Les problématiques de genre et la réflexion sur les stéréotypes de sexe en contexte scolaire passent également par une approche disciplinaire. En effet, on le sait aujourd'hui, les représentations des différentes disciplines scolaires sont empreintes de stéréotypes genrés : on considère ainsi l'EPS, à l'instar des mathématiques, comme une discipline plutôt masculine, cependant que les disciplines littéraires relèvent plutôt d'un territoire féminin. Ces représentations induisent des capacités de réussite différenciées selon les champs disciplinaires pour les filles et pour les garçons : les filles sont moins performantes en mathématiques, les garçons en français. S'ensuit un prestige différencié de ces différentes disciplines, les mieux considérées relevant, bien sûr, du domaine masculin. Sigolène Couchot-Schiex amorce cette seconde partie en proposant une réflexion sur l'EPS (Éducation Physique et Sportive). Considérée parfois, à tort, comme une discipline secondaire tant par les enseignant.e.s que par les élèves, le champ des activités physiques est particulièrement fécond pour envisager la question de la différence entre les sexes. En effet, parce qu'elle prend le corps pour objet, il est impossible à cette discipline de faire l'économie d'une réflexion sur sa dimension évidemment sexuée. C'est sans doute la raison pour laquelle, d'ailleurs, la réflexion sur ces problématiques de genre est déjà assez ancienne en EPS. On l'a dit plus haut, les STAPS travaillent la question de la mixité depuis le milieu des années 1980. La réflexion proposée en EPS permet de problématiser la question, essentielle lorsqu'on réfléchit aux stéréotypes de sexe, du rapport au corps. Cette problématique irrigue la réflexion proposée par Muriel Salle et Fanny

Gallot en histoire. Ce sont de nouvelles perspectives qui s'ouvrent pour l'enseignement de l'histoire si on adopte une réflexion genrée, perspectives réjouissantes parce qu'elles permettent d'envisager un élargissement considérable du champ des possibles embrassé du regard par les élèves. Ajoutons que cette problématique du corps, et notamment de sa dimension sexuée, se pose précocement en contexte scolaire, bien avant la puberté : la réflexion longitudinale proposée par Sigolène Couchot-Schiex s'intéresse à des élèves de la classe de maternelle au niveau troisième. Les stéréotypes associés aux différentes disciplines sont assimilés très précocement par les filles et les garçons, ce qui explique l'importance de l'habillage de la tâche proposée aux élèves (Morin-Messabel et Ferrière, 2008). On sait ainsi que l'habillage disciplinaire d'une activité (français *versus* mathématiques *versus* jeu) et l'activation de la référence de sexe (activation *versus* non activation) induisent des performances variables chez les filles et chez les garçons, les filles se révélant par exemple moins performantes quand elles réalisent une tâche présentée comme des « mathématiques » qu'elles ne l'étaient lors de la réalisation de la même tâche considérée comme un « jeu ». De façon très innovante, Sigolène Couchot-Schiex démontre qu'il en va de même en cours d'EPS.

Finalement, c'est la question de la formation des formateur.trice.s qui se trouve posée par Séverine Ferrière, qui souligne l'existence de résistances relativement importantes à ces réflexions sur les stéréotypes de sexe. Il faut donc interroger la formation des enseignant.e.s telle qu'elle se fait aujourd'hui en France, et dans le contexte actuel cette question résonne comme un bilan d'étape puisque, du fait de la masterisation qui s'est imposée à la rentrée 2010 afin d'aligner la France sur les standards européens en la matière, les IUFM ne sont plus le cadre privilégié de la formation des futur.e.s enseignant.e.s, à quelque niveau que ce soit, premier ou second degré. Désormais, donc, les professeur.e.s des écoles, intervenant en primaire, comme les professeur.e.s du secondaire (collèges et lycées) sont recruté.e.s sur concours au niveau master 2. Il suffisait précédemment d'une licence pour présenter le Concours de Recrutement des Professeurs des Écoles (CRPE) ou le Certificat d'Aptitude

Pédagogique à l'Enseignement Secondaire (CAPES). Dans ce contexte de formation renouvelé, sinon bouleversé, où en sommes-nous de la réflexion sur la représentation des stéréotypes chez les enseignant.e.s ? Séverine Ferrière montre qu'en la matière, un certain nombre de changements sont perceptibles, qui indiquent bien que les actions de formation ne sont pas lettre morte, mais induisent des effets concrètement mesurables. On mesure ainsi le chemin parcouru, mais aussi le chemin qui reste à parcourir...

Aujourd'hui, en dépit des avancées importantes et des recherches déjà réalisées, le travail sur les stéréotypes de sexe en contexte scolaire doit être encore approfondi et développé. Surtout, il doit être encore davantage diffusé auprès des membres du corps enseignant, car les représentations stéréotypées médiatisent des comportements susceptibles de jouer de manière importante sur la réussite ou l'échec de certain-e-s élèves dans certaines disciplines. Si l'on ne peut se défaire de ces stéréotypes, il est en revanche essentiel d'en avoir conscience pour en limiter les conséquences. Ce domaine de réflexion demeure toujours fécond, tant il est vrai que les représentations stéréotypées évoluent de manière constante, et que l'on ne sait encore pas tout de leur fonctionnement ni de leurs effets en contexte scolaire.

Il s'agit en fait de mener à tous les niveaux scolaires (premier et second degré) et à tous les niveaux de la formation des enseignant.e.s (formation initiale et formation continue) une réflexion aboutie sur la mixité scolaire et les débats dont elle fait régulièrement l'objet. Cette mixité consiste à éduquer ensemble des élèves de sexes différents. On a en effet longtemps contesté aux filles le droit de recevoir une éducation commune avec celle des garçons, et semblable à la leur. Sur ce point, les choses ont considérablement changé, au point que, curieusement, aujourd'hui, on considère souvent que les enfants des deux sexes sont socialisés de manière similaire et égalitaire alors qu'on admet volontiers que, durant des siècles, filles et garçons ont été socialisés et éduqués différemment. Comme si quelques décennies d'une scolarisation mixte avaient pu effacer des siècles de ségrégation. Rappelons-le : la mixité ne s'est imposée dans l'institution scolaire que récemment, par la loi Haby de 1975. Pourtant, elle n'est plus questionnée. Pour l'immense majorité des enseignant.e.s, tout se passe comme si le simple fait d'éduquer ensemble filles et garçons suffisait à permettre leur égal épanouissement en classe. Les quelques voix dissonantes qui s'élèvent sur ce sujet sont celles des opposants à la mixité. Ainsi, il y a quelques années, il était de bon ton de remettre en question ce principe de l'école républicaine parce qu'il était pointé comme défavorable aux garçons (Auduc, 2009). Il ne s'agit pas ici de désigner des coupables, encore moins de déterminer qui, des filles ou des garçons, porte préjudice à l'autre dans le cadre scolaire. La question est tendancieuse et inutile, tant il est vrai que les interactions entre les sexes sont complexes et que, d'une situation d'enseignement à une autre (contexte de la classe en général, particularité disciplinaire, etc.), les rapports entre les unes et les autres sont à géométrie variable. Quoi qu'il en soit, il paraît évident de dire que les institutions responsables de la prise en charge des enfants (famille ou établissements scolaires), les objets et activités qui leur sont proposés (jouets, habits ou sports), les supports proposant des représentations sexuées du monde de l'enfance (publicité, art, littérature enfantine) participent d'une socialisation bien différenciée des filles et des garçons. Et ça n'est pas forcément un problème. Cette socialisation différenciée devient problématique dès lors qu'elle limite le champ des possibles pour l'un ou l'autre sexe. Disons-le clairement, aujourd'hui à l'école, le problème ça n'est pas la mixité. Elle est une réalité avec laquelle il paraît indispensable de devoir composer puisque la société dans laquelle nos élèves sont amené.e.s à s'épanouir à terme est mixte, de fait. En revanche, que cette mixité soit simplement subie, mais jamais interrogée dans ses modalités ou dans ses effets (qu'ils soient pervers ou, au contraire, positifs), qu'elle paraisse tomber sous le sens : voilà qui pose problème, car cela invisibilise un certain nombre de difficultés, et notamment la persistance d'inégalités entre filles et garçons qui ne se résorberont pas d'elles-mêmes si on refuse de s'y affronter.

Chronologie des textes institutionnels

1984 : Signature de la première convention pour la promotion de l'égalité des chances entre les ministères des droits de la femme et de l'éducation nationale.

1989 : Loi d'orientation dite « loi Jospin », les établissements scolaires contribuent à favoriser l'égalité entre les hommes et les femmes.

2000 : Première convention interministérielle pour la promotion de l'égalité entre les filles et les garçons, les femmes et les hommes dans le système éducatif.

En ligne : http://www.education.gouv.fr/bo/2000/10/orga.htm [consulté le 28 novembre 2011]

2006 : Deuxième convention interministérielle pour la promotion de l'égalité entre les filles et les garçons, les femmes et les hommes dans le système éducatif.

En ligne : http://www.education.gouv.fr/bo/2007/5/MENE060 3248X.htm [consulté le 28 novembre 2011]

2010 : Article L.12-1 modifié par la loi N°2010-121 du 8 février 2010 - art. 3

En ligne : http://www.legifrance.gouv.fr/affichCodeArticle.do?idArticle=LEGIARTI000006524387 [consulté le 28 novembre 2011]

Encart n°12 du 18 **mars 2010** dans la circulaire n° 2010-38 du 16 mars 2010 préparant la rentrée 2010.

En ligne : http://www.education.gouv.fr/cid50863/mene1006 812c.html [consulté le 28 novembre 2011]

2013 : Troisième convention interministérielle pour la promotion de l'égalité entre les filles et les garçons, les femmes et les hommes dans le système éducatif.

En ligne : http://eduscol.education.fr/cid55235/convention-interministerielle.html [consulté le 28 avril 2013]

Bibliographie

Association Du côté des filles. (1997). *Quels modèles pour les filles ? Une recherche sur les albums illustrés.* Paris : Association européenne Du côté des filles.

Association Du côté des filles. (1997). *Que voient les enfants dans les livres d'images ? Des réponses sur les stéréotypes.* Paris : Association européenne Du côté des filles.

Auduc, J-L. (2009). *Sauvons les garçons !* Paris : Descartes et Cie.

Cassin, B. (Ed). (2004). *Vocabulaire européen des philosophies. Dictionnaire des intraduisibles.* Paris : Éditions le Robert / Seuil.

Davisse, A. (janvier 1986). Dossier : « Les mixités en EPS ». *Revue EPS*, n°197.

Duden, B. (1991). *The woman beneath the skin : a doctor's patients in eighteenth-century Germany.* Cambridge, Mass : Harvard University Press.

Duru-Bellat, M. (1990). *L'école des filles. Quelle formation pour quels rôles sociaux ?* Paris : L'Harmattan.

Guimond, S. (2004). Lutter contre le racisme et le sexisme en milieu scolaire. Dans M-C. Toczek & D. Martinot (Dirs), *Le défi éducatif. Des situations pour réussir.* Paris : Armand Colin, 169-195.

Lippmann, W. (2009). *Public Opinion.* Memphis, T.N. : General Books.

Martin, E. (1987). *The Woman in the Body. A Cultural Analysis of Reproduction.* Boston, Mass : Beacon.

Morin-Messabel C. (dir.) (2013). *Filles/Garçons. Questions de genre, de la formation à l'enseignement.* Lyon : PUL.

Vouillot, F. (2000). *Filles et garçons à l'école, une égalité à construire.* Paris : CNDP.

Yzerbyt, V. & Schadron, G. (1999). Stéréotypes et jugement social. Dans R. Y. Bourhis & J-P. Leyens (dirs), *Stéréotypes, discrimination et relations intergroupes*. Liège : Mardaga, 127-160.

Zancarini-Fournel, M. & Thébaud, F. (2003). Éditorial. *Clio. Histoire Femmes Sociétés : Mixité et coéducation,* n°18, 11-16.

Zancarini-Fournel, M. (2004). Coéducation, gémination, coinstruction, mixité : débats dans l'Éducation nationale (1882-1976). Dans R. Rogers (dir.), *La mixité dans l'éducation : enjeux passés et* présents. Lyon : ENS Éditions, 25-32.

Scott, J. W. (1998). Genre : Une catégorie utile d'analyse historique. *Les Cahiers du GRIF*, n°37-38, 125-153.

Chapitre 1
Albums contre-stéréotypés et lecture offerte en Grande Section de Maternelle : mesure de l'impact sur les élèves à travers le dessin et la dictée à l'adulte

Christine Morin-Messabel
*Maîtresse de conférences en Psychologie Sociale
Université Lyon 2
Laboratoire du GRePS*

Séverine Ferrière
*Maitresse de conférences en Sciences de l'Éducation
IUFM des Pays de la Loire
Laboratoire du CREN*

La remise en question des supports pédagogiques et ludiques proposés aux jeunes enfants, notamment par le biais de la littérature et des albums de jeunesse, n'est pas un sujet nouveau. Les féministes dans les années 1970 se sont interrogées sur le sexisme transmis par ce vecteur, ce qui a conduit à nombreuses recherches. Depuis une trentaine d'années, la constance des recherches à ce sujet ne faiblit pas : les albums de jeunesse (Dafflon-Novelle, 2006 ; Turin, 2004), les jouets (Cromer, 2005 ; Baerlocher, 2006 ; Tap, 1985), ou encore à un niveau plus institutionnel, dans le champ éducatif, les manuels scolaires (Decroux-Masson, 1979 ; Duru-Bellat, 2004 ; Rignault et Richert, 1997) et les lectures proposées par l'Education Nationale (Brugeilles, Cromer et Panissal, 2009). La préoccupation est axée sur une représentation diversifiée mais aussi plus égalitaire des hommes et des femmes. En effet, on sait combien ces supports de socialisation primaire (jeux, livres...) sont des vecteurs de transmission de représentations sociales et culturelles fortes, ainsi qu'un moyen d'identification et de construction de soi chez les jeunes enfants. Cette recherche se propose d'observer par l'intermédiaire de la littérature de jeunesse proposée en classes de maternelle, l'effet des stéréotypes et des contre-stéréotypes chez les jeunes enfants.

Construction d'un schéma de genre chez l'enfant

Dès son plus jeune âge, le nourrisson est accueilli dans un environnement social déjà construit. L'un des premiers actes de socialisation est notamment l'attribution d'un prénom, qui va déterminer des comportements stéréotypés précoces. On pense notamment à l'expérience bien connue dite du « Bébé X » (Seavey, Katz, et Rosenberg, 1975) : selon le prénom donné à un nourrisson de 3 mois, les adultes proposent des jouets stéréotypés socialement cohérents, selon eux et elles, en fonction du sexe présumé induit par le prénom. On parle de « label de genre », et selon ce label, le comportement est différencié. Dans ce type de contexte, l'approche théorique adoptée est proche des courants de l'apprentissage social. L'enfant apprend en fonction de renforcements et de *feed-back* de son environnement au sens large, qui prescrit ou proscrit certains comportements. Il est également question de l'imitation comme mode d'apprentissage de comportements et d'attitudes conformes : « parler de socialisation différenciée signifie que les comportements appropriés au sexe de l'enfant sont renforcés positivement ou négativement par les parents (mais aussi par d'autres agents de socialisation tels que les pairs, les maîtres, les médias) » (Rouyer et Zaouche-Gaudron, 2006, p.52). Nombre de recherches ont mis en évidence cette « socialisation différenciée », de la part des adultes. Tout d'abord parce que la catégorisation prédominante chez l'adulte est la différenciation sexuée des individus (Glick et Fiske, 1998). Cette différenciation induit tout un système de traits typiques, d'émotions et de comportements « appropriés » envers les jeunes enfants. « Les garçons sont grands, ont les trais marqués, alors que les filles sont petites, belles, mignonnes, gentilles, et ont les traits fins » (Rubin, Provenzano et Luria, in Rouyer et Zaouche-Gaudron, 2006, p.28-29). Les jouets sont un autre vecteur de transmission : par exemple, un adulte n'offrira pas une poupée à un nourrisson qu'il sait être un petit garçon…

Une seconde approche, plutôt axée dans une dynamique développementale, est la théorie dite « cognitivo-développementale » développée par Kohlberg (1966) notamment. Il distingue différents stades dans la construction d'une « identité de genre ». Cela implique une prise de conscience du fait d'être un petit garçon ou une petite fille, qui se situerait vers 2 ou 3 ans. Plus précisément, les jeunes enfants savent attribuer des indices physiques en fonction du sexe supposé de l'individu observé. Puis ils acquièrent la « stabilité de genre ». Selon Rouyer (2008), c'est vers 2 ans que les jeunes enfants acquièrent une identité de genre, et que va donc s'opérer une distinction entre les deux groupes, filles d'une part et garçons d'autre part. C'est à ce stade qu'est intégré ce qui est alors conforme ou non, notamment dans le choix et l'utilisation de jouets. Et plus les jeunes enfants évoluent, plus les stéréotypes et les conduites qu'ils induisent tendent à se rigidifier. Selon Martin et Ruble (2004), entre 5 et 7 ans les enfants traversent un « pic de rigidité ». La recherche menée par De Bosscher, Durand-Delvigne, Przygodzki-Lionet et Rémy (2010) sur l'utilisation des catégories de sexe chez les enfants de 5 à 11 ans, le confirme. Pour les auteurs, les enfants de Grande Section interrogés (donc entre 5 et 6 ans) seraient « à un stade critique pour l'acquisition des comportements, des rôles et des stéréotypes de sexe » (p.197). C'est vers l'âge de 6 ou 7 ans que les enfants atteignent la « constance du genre », qui semble notamment réduire cette « rigidité », puisque les enfants ne craignent plus de changer de catégorie de sexe selon qu'ils adoptent tels ou tels attributs sociaux, culturels ou physiques spécifiques à l'un ou l'autre sexe.

Mais comme le résument bien Rouyer et Zaouche-Gaudron : « À l'heure actuelle, de plus en plus de chercheurs considèrent que l'étude de l'identité sexuée nécessite d'être analysée au sein de modèles plurifactoriels et interactionnistes qui intègrent les dimensions cognitive, sociale et affective » (2006, p.534). En effet, il semble que ces différentes approches s'alimentent les unes les autres, avec des conséquences relativement identiques en termes de construction de soi chez les enfants. Très vite sensibles aux attentes de leur environnement social, les jeunes enfants vont ensuite rapidement s'auto-attribuer les stéréotypes (Durand-Delvigne, 1990). Comme chez les adultes, « le sexe est, avec l'âge, l'une des deux premières catégories sociales utilisées par les enfants pour comprendre le monde qui les entoure » (Dafflon-Novelle, 2006, p.11). S'il est évident que les âges proposés en fonction de stades sont des données indicatives, on observe également des variations entre les comportements des garçons et des filles de manière assez précoce, notamment autour de l'évolution de l'intégration des comportements « conformes » à la norme, et particulièrement autour d'une flexibilité et d'une rigidité.

Des variations entre filles et garçons

Les recherches de Le Maner-Idrissi (1996) prouvent que dès l'âge de 2 ans, les garçons comme les filles se dirigent vers des objets conformes à leur sexe en présence d'enfants de même sexe qu'eux. D'autres recherches montrent même que, dès 18 mois, garçons et filles adhèrent aux rôles de sexe (Le Maner-Idrissi, Levêque et Massa, 2002). Il est important de noter que selon l'organisation des groupes de pairs (mixtes ou non) lors d'observations d'interactions, ces dernières sont plus nombreuses dans un contexte non mixte vers l'âge de 2-4 ans (Lloyd, Duveen et Smith, 1988). Par la suite, cette « ségrégation selon le genre » (Matlin, 2007), qui débute vers 3 ou 4 ans, va aller crescendo jusqu'à l'adolescence. Une conséquence directe de ce type de comportement est qu'il conforte les jeunes enfants dans l'utilisation de stéréotypes genrés (Maccoby, 1998). Mais c'est à ce niveau que l'on observe une différence fille/garçon, particulièrement entre 2 et 7 ans. En effet, si les recherches menées par Le Maner-Idrissi, Levêque et Massa (2002), et centrées sur l'influence exercée dans des dyades mixtes, montrent que vers 2 ans les filles adhèrent plus aux rôles de sexe que les garçons, ce comportement change vers 3 ans. Elles vont alors plutôt se diriger vers des objets masculins (Le Maner-Idrissi et Renault, 2006). L'explication fournie est la suivante : « Tout se passe comme si, à 24 mois, le schéma de genre des garçons, encore peu élaboré, les rendait plus sensibles aux effets de contexte » (p.261). Cette différence en termes de construction autour de 4-5 ans pourrait trouver une explication dans le « prestige social du sexe masculin » (Goguikian Ratcliff, 2002, 2006). C'est également que ce soulignent Hurtig et Pichevin (1986), avec la notion « d'asymétrie cognitive et sociale », où la catégorie de référence est la catégorie masculine. C'est-à-dire que, dès l'âge de 3 ans, les garçons comme les filles, non seulement se réfèrent à des stéréotypes genrés, mais ont aussi conscience de la hiérarchie et du prestige social du masculin. Les filles aspireraient alors plus à « transgresser » parce que les activités masculines sont le reflet d'un prestige social plus élevé (Etaugh et Rathus, 1995). Dans ce même mouvement, les garçons, auraient quant à eux plus de difficulté à se diriger vers des activités catégorisées comme féminines. D'ailleurs, on sait bien que cette transgression est socialement plus acceptée de la part d'une petite fille, que d'un petit garçon. « Les parents sont plus à même de décourager les garçons plutôt que les filles à jouer avec des jouets jugés inappropriés. Les parents sont bien plus inquiets de voir leurs fils se transformer en poule mouillée que de voir leurs filles devenir des garçons manqués » (Matlin, 2007, p.105). D'après Martin et Halverson (1987), le genre a une plus grande importance pour les garçons que pour les filles, ce qui expliquerait alors ce changement d'attitude qui survient chez les filles vers l'âge de 5 ans, et pas chez les garçons (Huston, 1983).

Les stéréotypes dans la littérature de jeunesse

Nous l'avons évoqué, les jouets, ainsi que la littérature de jeunesse, sont des vecteurs de transmission des stéréotypes puissants. Ils partagent la spécificité d'être le reflet du monde des adultes, qui sont souvent prescripteur.trice.s. La littérature de jeunesse est bien évidemment écrite par des adultes, et offre des représentations et des images de la société. En effet, « les rôles joués par les filles et les garçons sont importants à analyser, ainsi que la manière dont les femmes et les hommes sont dépeints dans ces histoires, car c'est en partie à travers ces représentations que les enfants vont acquérir des connaissances sexuées sur le monde qui les entoure » (Dafflon-Novelle, 2006, p.304). En termes de répartition, toutes les études quantitatives à ce sujet font le même constat : on observe une surreprésentation des figures masculines dans les albums pour enfants, de l'ordre du simple au double (Dafflon-Novelle, 2002a ; Kortenhaus et Demarest, 1993 ; Tepper et Cassidy, 1999). Dans les histoires, quel que soit le genre littéraire (album, roman, etc.), les garçons sont plus fréquemment héros de séries, leur nom est présent dans le titre, ils sont beaucoup plus dessinés sur les couvertures d'album ainsi que dans les albums, même lorsqu'ils ne sont pas les héros de l'histoire (Ferrez et Dafflon-Novelle, 2003 ; Kortenhaus et Demestre, 1993 ; Tepper et Cassidy, 1999). On note donc, à la fois par l'intermédiaire de ces indices quantitatifs, mais aussi du fait des histoires elles-mêmes et des illustrations, un très fort conformisme aux stéréotypes masculin/sphère publique/activité *versus* féminin/sphère privée/passivité.

Cette sur-représentation est encore supérieure lorsqu'il s'agit d'animaux anthropomorphes, particulièrement présents dans les histoires proposées aux moins de 3 ans (Dafflon-Novelle, 2002a). Le moyen le plus efficace de sexuer un animal est de fournir des indices stéréotypés, par l'intermédiaire des vêtements et de symboles facilement identifiables pour les enfants (Brugeilles, Cromer et Cromer, 2002). Turin (2004) propose un « lexique sexiste » d'images, reprenant les stéréotypes les plus couramment utilisés, pour « aider » les enfants dans la catégorisation. Afin de bien distinguer le « papa » et la « maman », personnages récurrents, la « maternité » est symbolisée par un tablier, des activités du domaine de la sphère privée (ménage, cuisine), et du soin. La « paternité » est quant à elle associée au fauteuil « symbole du pouvoir domestique » (Turin, 2004, p.40) et à des attributs plutôt relatifs au travail, à l'extérieur. Les autres moyens de catégoriser une fille ou une femme sont de l'ordre de l'apparat : bijoux, maquillage, chevelure (Brugeilles, Cromer et Cromer, 2002 ; Ferrez et Dafflon-Novelle, 2003 ; Dafflon-Novelle, 2002b). La littérature de jeunesse offre une sorte de catalogue normé, qui facilite chez l'enfant la catégorisation masculin/féminin.

Effets des stéréotypes sexistes chez les jeunes enfants

Nous l'avons évoqué, les jeunes enfants recourent à la catégorisation en termes de processus cognitif. La littérature de jeunesse alimente les stéréotypes sexués et sexistes des jeunes enfants, en proposant une norme sociale aussi bien au niveau de la construction familiale que de la position dans l'espace physique et social d'un garçon et d'une fille. Or « l'acte de catégorisation apparaît comme le premier maillon du stéréotypage mais aussi comme l'activateur en mémoire d'un réseau d'associations qui lie chaque sexe à des comportements, des valeurs, des places sociales » (Morin-Messabel et Ferrière, 2008, p.13). En d'autres termes, l'exposition à des albums stéréotypés a des conséquences à long terme, notamment en matière de construction de l'estime de soi (Ochman, 1996). Par l'intermédiaire de ce support, une certaine représentation des rôles et des normes attribués à chacun.e est donc transmise. La répétition de ces modèles devient norme à plus long terme. Par exemple, les sciences et la littérature sont des domaines de connaissance et des territoires scolaires fortement imprégnés de stéréotypes sexués. De manière objective, il y a une surreprésentation des hommes dans les métiers scientifiques, et cette différenciation émaille toute la scolarité (Duru-Bellat, 2004). Les travaux de Detrez (2005) sur les encyclopédies destinées aux jeunes enfants soulignent même que ce support ancre les différences masculin/féminin dans le biologique et le scientifique. Cela ne va pas sans faire penser aux recherches sur l'innéisme et l'essentialisme, bien souvent mis en avant pour justifier des différences (Vidal, 2006). Mais la lecture d'albums stéréotypés a également des conséquences immédiates. On a pu observer par exemple que, lorsque l'on propose une lecture stéréotypée à des enfants entre 2 et 5 ans, garçons et filles vont ensuite préférer jouer avec des jouets stéréotypés. Alors que lorsqu'un album sans stéréotypes est proposé, garçons et filles vont plutôt se diriger vers des jouets neutres (Ashton, 1983). Nous connaissons l'importance de l'identification dans la construction de soi. Il paraît donc important de proposer des modèles identificatoires pour toutes et tous. D'après Danziger (1970) les enfants s'identifient à des modèles qu'ils et elles admirent. De plus, nous l'avons évoqué par l'intermédiaire des travaux d'Ochman (1996), plus tard, entre 7 et 9 ans, lorsqu'on propose à l'enfant une histoire impliquant un héros du même sexe que lui, son estime de soi augmente. On peut alors imaginer l'effet délétère de certains albums auprès des petites filles, puisque l'on sait que les figures féminines sont quantitativement sous-représentées. Elles sont rarement héroïnes, placées dans des positions passives, et donc peu attrayantes en termes de modèles identificatoires. Ce constat pourrait expliquer la « flexibilité » des filles par rapport au schéma de genre : il paraît plus intéressant de sortir du schéma féminin.

Méthodologie

Pour diversifier cette approche de la littérature de jeunesse, il existe aujourd'hui des albums contre-stéréotypés[1], proposant des histoires qui jouent sur les codes généralement à l'œuvre dans ce type de littérature. Il paraît en effet primordial de proposer très tôt des modèles identificatoires divers, notamment aux filles. Mais on peut s'interroger quant à l'impact de ces albums contre-stéréotypés, et plus particulièrement entre 5 et 7 ans, c'est-à-dire à une période « critique » de rigidité en matière de stéréotypes de sexe. La lecture d'albums contre-stéréotypés à cette période de la vie n'aurait-elle pas potentiellement des effets délétères ?

C'est dans cette perspective de changement que nous menons actuellement une étude sur la lecture d'albums de jeunesse contre-stéréotypés, en lien avec une enseignante d'école maternelle. Ces lectures « à voix haute », mettant en jeu des personnages féminins et masculins et des histoires « atypiques », « contre-stéréotypées », visent à proposer aux élèves des modèles d'identification plus larges. Après la lecture d'albums, nous avons mis en œuvre deux moyens d'évaluation de leurs effets : l'analyse de dessins d'élèves réalisés juste après la lecture à voix haute (dessin représentant le moment préféré de l'histoire) et la dictée à l'adulte (pourquoi j'ai préféré ce moment). Notre objectif est de voir comment les élèves perçoivent ces lectures d'albums contre-stéréotypés, et d'évaluer précisément quel est leur moment préféré, ce qu'ils en retiennent immédiatement. Notre recherche est exploratoire. À notre connaissance, ce type d'étude n'a pas été fait et il est important

---

[1] Adela Turin écrit des albums de jeunesse contre-stéréotypés depuis plusieurs années. On peut également se référer aux propositions des éditions Talents Hauts ou aux sites tels de l'Association Lab-elle, attentive aux potentiels féminins.

d'investiguer la manière dont les élèves réagissent à ces lectures. Filles et garçons choisissent-ils des moments préférés différents ? Quelles explications de leurs choix donnent-ils ? Les élèves sont plutôt homogènes ou hétérogènes dans leurs choix de moments préférés et dans l'explication qu'ils en donnent ?

Nos données sont donc descriptives (cf. tableaux résumant les dessins et mots-clés des justifications). Ces résultats varient probablement selon le type d'album. C'est la raison pour laquelle nous présentons successivement les résultats pour chaque album.

Choix et présentations des albums

Nous avons choisi quatre albums narratifs, deux quinaires, c'est-à-dire suivant le schéma narratif d'une aventure, et deux à séquences plutôt répétitives (Alamichel, 2000). Le point commun à ces albums est leur utilisation de contre-stéréotypes, prenant le contre-pied de situations plutôt « traditionnelles » aux albums de jeunesse. Nous avons réalisé une grille d'analyse des albums reprenant les cinq étapes du schéma narratif[2]. Pour l'analyse des personnages, nous conformant aux critères de Brugeilles, Cromer et Cromer (2002), nous avons distingué : « personnage principal dominant », « personnage principal partagé », « personnage secondaire et partie prenante à l'histoire », et enfin « personnage d'arrière plan ».

Le premier ouvrage proposé est *La Princesse et le Dragon*. La structure narrative est quinaire, avec un état initial particulièrement stéréotypé : la belle princesse Elisabeth doit épouser le prince Ronald. L'élément perturbateur est le méchant dragon, qui détruit le château, et enlève… le prince. Les péripéties sont contre-stéréotypées, puisque c'est la princesse Elisabeth qui va poursuivre le dragon et sauver son prince. L'état final reprend une structure plus stéréotypée puisque le prince refuse d'épouser Elisabeth, qui n'est pas bien habillée, mal coiffée et

---

[2] Les cinq étapes sont : la situation initiale, l'élément perturbateur, les péripéties, la résolution et la situation finale.

sale, suite à ces péripéties, mais aussi contre-stéréotypée puisque cette situation convient finalement très bien à Elisabeth.

Le second ouvrage proposé, intitulé *Un heureux malheur*, débute comme le précédent sur une structure narrative quinaire, et reprend les codes des albums stéréotypés. La description de la famille est la suivante : « Monsieur Radeville avait belle prestance, il était très fier de ses moustaches et de sa grosse voix de chef de famille. Sidonie Radeville, elle, était douce, modeste et soumise ». Ils ont 8 enfants, la mère est au foyer et le père travaille dans une grande entreprise. L'élément perturbateur est l'inondation en journée de leur logement : la mère prend les choses en main et sauve ses enfants. Le père doit alors renoncer à son confort habituel, pendant que la mère part en exploration avec ses petits, et initie de nouvelles habitudes. Les évènements équilibrants sont les comportements des parents, avec le père qui fait la cuisine et la mère qui se découvre des talents de musicienne. L'état final est donc la réorganisation de la famille, ainsi que l'arrivée d'une nouvelle famille dans leur ancien logement.

Le troisième album, *Quand Lulu sera grande*, est conçu sur un système de séquences répétitives. La structure est articulée autour du désir de grandir de Lulu, qui est mise en scène dans ses projets. L'histoire fonctionne sur un système de répétitions alternant entre des choix futurs plutôt stéréotypés (avoir de longs cheveux, se marier avec son amoureux, soigner les animaux…) et contre-stéréotypés (devenir footballeuse, peintre en bâtiment comme son oncle, faire de la mécanique, être chevalière, chasser les dragons etc.). Le cheminement de Lulu se conclut sur le fait qu'elle sera grande physiquement.

Le dernier album proposé, *Longs cheveux*, met en scène Loris, un garçon aux cheveux longs. La structure, répétitive, débute par la présentation du héros, et explique qu'il est pris pour une fille. S'ensuit une succession d'exemples d'hommes célèbres ayant les cheveux longs : Tarzan, les Indiens d'Amérique, Louis XIV, etc., mais surtout le père de Loris, qui joue de la guitare.

L'histoire se clôt sur Loris qui joue de la guitare à son amoureuse.

Hypothèses

Nous avons analysé les dessins de 84 enfants[3] à l'aide d'une grille répertoriant pour chaque sujet des critères relatifs au dessin en lui-même, ainsi qu'aux commentaires dictés à l'adulte, concernant : le moment préféré de l'histoire, les personnages représentés, des indications sur le dessin en lui-même (couleurs, tailles etc.).

Nous faisons l'hypothèse, au regard des différentes recherches axées sur les stéréotypes et sur l'intégration de ces stéréotypes à l'âge des élèves considérés, que proposer des albums contre-stéréotypés à des enfants entre 5 et 7 ans, dans une période de rigidité en terme de construction de l'identité de genre, n'a pas l'effet escompté. Trop prendre le contrepied des stéréotypes auxquels ces jeunes enfants sont exposés au quotidien, « toutes choses égales par ailleurs », pourrait perturber les structures déjà en construction et conduire les élèves à préférer les moments et/ou les personnages conformes aux stéréotypes.

Analyse par album

Nous avons donc procédé pour chaque album à une analyse de contenu thématique sous deux angles :

- une approche quantitative par récurrence du moment préféré et du/des personnages dessinés, pour mettre en lumière ce qui a retenu l'attention des enfants,

- une approche plus qualitative, en analysant ce qu'ils et elles ont aimé, grâce à la dictée à l'adulte.

---

[3] L'album *La Princesse et le Dragon* a été proposé à 21 élèves (11 garçons et 10 filles) ; *Un heureux malheur* à 19 (7 garçons, 12 filles), *Quand Lulu sera grande* à 25 (12 filles, 13 garçons) et *Longs cheveux* à 20, (8 garçons 12 filles).

Pour l'album *La princesse et le dragon*, qui fonctionne sur une structure assez traditionnelle, on note que très majoritairement (précisément à l'exception d'un seul), tous les garçons ont dessiné une scène issue des péripéties. Les péripéties dans cet album regroupent des scènes entre l'héroïne et le dragon, qui sont donc logiquement les personnages les plus représentés (54.5 %), suivi de dessins du dragon seul.

Par l'intermédiaire de regroupements thématiques, on constate qu'en dehors de deux garçons, tous ont dessiné le dragon soufflant ses flammes sur la forêt. Les arguments invoqués pour expliciter ce choix mentionnent expressément le dragon et le feu : « parce que je voulais dessiner du feu » (S2), « parce que j'aime bien les pages où il y a du feu » (S8), ou encore « parce que c'était le feu » (S9).

Les deux autres garçons ont préféré pour l'un un moment de l'histoire où la princesse est habillée avec du carton, car alors la princesse « lui (au prince) crie dans les oreilles et c'est facile à dessiner » (S5), et pour l'autre le moment où le prince et la princesse vont se marier, parce que ce sont « les deux personnages qui me plaisent le plus » (S20).

Les filles ont autant représenté la situation initiale que les péripéties (30 % respectivement). Dans 40 % des cas, elles ont dessiné le prince et la princesse, soit la situation initiale, qui, fait notable, est la scène la plus stéréotypée, puisque le prince et la princesse doivent se marier. Les commentaires et les choix se distinguent du garçon qui dessine la princesse et le prince parce qu'il s'agit de ses personnages préférés de l'histoire. En effet, les filles justifient leur choix ainsi : « parce que la princesse elle est trop belle » (S16), ou encore « parce que j'aime quand on se marie » (S18). On note également qu'une fille (S14) dicte à l'adulte « c'est le prince et la princesse quand ils se retrouvent à la fin », et elle justifie ce choix par : « parce qu'il est trop beau ». Précisément, le prince et la princesse ne se retrouvent pas à la fin. La structure traditionnelle de ce type de récit semble avoir pris le dessus sur cette situation moins conforme.

Dans 30 % des cas, elles ont aussi dessiné le dragon seul, donc correspondant aux péripéties, et à 20 % l'héroïne et le dragon. Il est bien souvent soit en train de dormir, car épuisé, soit entrain de cracher du feu. Les justifications sont, comme dans le cas des garçons, du type : « parce que j'aime bien quand il y a du feu » (S13), ou « Quand le dragon crache du feu ».

L'album *Un heureux malheur* partage les mêmes caractéristiques que l'histoire précédente. Pourtant, en comparaison, les filles ont assez majoritairement décrit l'élément perturbateur de l'histoire, qui est l'inondation (dans 75 % des cas). Du côté des garçons, les scènes retenues sont également l'élément perturbateur (42.9 %), la situation initiale et les péripéties (28.6 %).

Les garçons dans leurs descriptions ont principalement dessiné les enfants rats sur l'eau (dans une chaussure, en référence à la page de garde de l'album), ou sur la table qui sert de radeau, avec des justifications telles que : « c'est mon moment préféré parce qu'ils sont vivants, ne peuvent plus se noyer » (S23), ou tout simplement « moment préféré parce que j'adore l'eau » (S24).

Pour les filles, le moment préféré est en lien avec le fait d'aimer l'eau (dans 18.2 %). Deux filles font référence à des situations « stéréotypées », notamment quand le père raconte une histoire, justifié par « j'ai bien aimé » (S32), ou qu'ils sont entrain de manger : « j'aime bien quand ils sont entrain de manger » (S39).

On observe cependant que pratiquement la moitié n'a pas donné plus de précision. Les commentaires sont peu prolixes, aussi bien de la part des garçons que des filles, mais les dessins sont très concentrés sur l'action principale de l'histoire.

Quand Lulu sera grande fonctionne en séquences répétitives, en présentant des situations tantôt stéréotypées, tantôt contre-stéréotypées, au sujet de Lulu et de ses envies quand elle sera adulte. Garçons comme filles ont particulièrement dessiné l'héroïne (38.5 % des garçons), ou l'héroïne et des personnages d'arrière-plan (72.7 % des filles). Ils ont aussi, mais assez logiquement en référence au style narratif choisi, représenté des séquences issues de péripéties (92 % des garçons et 72.7 % des filles), les sujets, là encore filles comme garçons, qui n'auraient pas représenté un moment issu des péripéties, ont représenté des scènes hors histoire, ou alors reprenant le modèle de séquences en représentant plusieurs scènes sur le dessin autour de la thématique d'être petit-e et devenir grand-e.

Les dessins sont à la fois relativement homogènes au niveau de la variable sexe, et hétérogènes au sein de ces variables. Pour les garçons, les moments préférés sont aussi bien quand Lulu chasse ou tue le dragon, avec des remarques du type : « parce que j'aimais bien la tête du dragon, j'aime bien les dragons » (S44), ou quand elle est dans son camion/maison : « Parce que je trouvais qu'il était beau le camion » (S43).

On observe cependant que dans 25 % des cas les filles ont représenté Lulu et son amoureux qui se font des bisous : « parce qu'ils parlent d'amour, c'est rigolo » (S61) ou alors « parce que c'était beau » (S54). Les justifications fournies dans 33,3 % des cas touchent au fait qu'être amoureux ou que les amoureux sont beaux.

Dans 23 % des cas, les garçons font également référence à ce critère de beauté pour justifier leur choix de dessiner le camion/maison. Dans 25 % des cas pour les filles, et 15,4 % pour les garçons, le choix du moment préféré a été influencé par l'iconographie ou les couleurs : « j'ai choisi ce moment parce que je trouvais que c'était bien dessiné » (S42, garçon), « parce qu'il y a plein de couleurs » (S47, garçon), « j'ai choisi parce que c'était beau et joli les images » (S50, fille). De façon plus isolée, les autres justifications proposées sont également axées sur l'affect : « j'ai choisi ce moment parce qu'il est très très beau » (S57, une fille qui a représenté Lulu et des petits bonhommes). « J'ai choisi ce moment parce que l'éléphant c'est un animal que j'aime bien » (S60, garçon).

On notera cependant que, pour cette histoire, une petite fille dessine Lulu en chevalier, et justifie son choix ainsi : « parce que je trouve que le chevalier il est beau » (S56)…

Enfin, le dernier album, *Longs cheveux*, fonctionne également selon une séquence répétitive. Il met en scène Loris, un petit garçon. La totalité des filles ont représenté Loris accompagné d'un personnage secondaire, qui s'avère dans 66,6 % des cas être son amoureuse, soit la scène finale. Du côté des garçons, ils ont représenté dans 62,5 % des cas aussi le héros et un personnage secondaire, mais également dans 25 % des cas un personnage d'arrière plan, et plus précisément Tarzan.

Suite à ces remarques préliminaires, logiquement là encore, les garçons ont privilégié des scènes de péripéties : dans 37,5 % des cas ils dessinent Tarzan. Du côté des filles, 58,3 % des dessins correspondent à la situation finale, où Loris joue de la guitare à son amoureuse.

Comme pour l'autre album séquentiel proposé, dans 25 % des cas les garçons justifient leur choix parce qu'ils aiment Tarzan, le trouvent joli. Même chose pour les filles dans 50 % des cas. Elles trouvent les dessins de l'album beaux : « la page est jolie, j'aime bien cette page » (S78), ou encore « les images sont jolies » (S76).

Là encore, comme pour l'album précédent, une fille a dessiné « la fille qui les grands cheveux, parce que c'était bien » (S83), alors qu'il s'agit d'un garçon.

Réactions face aux situations stéréotypées, contre-stéréotypées et neutres

Après la lecture d'albums contre-stéréotypés, les enfants, filles comme garçons, ont donc la possibilité de retenir des situations très stéréotypées, des situations contre-stéréotypées, des situations neutres, ou bien de transformer l'histoire.

La princesse et le dragon est une histoire qui serait très stéréotypée si les rôles de princesse et de prince n'étaient pas inversés. Face à ce personnage féminin en situation contre-stéréotypée, on observe que les garçons, de manière très majoritaire (tous sauf deux garçons), ont retenu la scène avec le dragon qui brûle les forêts, avec le feu, en omettant pour une bonne part l'action, essentielle : la ruse de la princesse. Les deux autres garçons ont retenu soit le prince et la princesse parce qu'ils sont beaux (tous les deux), soit la princesse à la fin de l'histoire, qui ne ressemble plus vraiment à une princesse, raison pour laquelle d'ailleurs Ronald, son prince, ne veut plus l'épouser.

On observe du côté des filles le même filtre sélectif stéréotypique, puisque quasiment la moitié d'entre elles a dessiné le prince et la princesse en situation initiale, donc sur le point de se marier. Malgré l'effet de récence, il s'agit de la scène stéréotypée qui reste saillant, au point même qu'une des filles modifie l'histoire en expliquant que son moment préféré est lorsque le prince et la princesse se marient à la fin.

Un heureux malheur fonctionne avec une structure identique, mais une histoire particulièrement stéréotypée basée sur une inversion des rôles traditionnels des personnages principaux. On observe également une sorte d'évacuation des situations contre-stéréotypées. On peut noter que l'héroïne de l'histoire n'est jamais représentée seule, aussi bien chez les garçons que les filles, mais toujours dans son rôle de mère des petits rats. Dans la majeure partie des cas, filles comme garçons ont retenu la péripétie principale, en justifiant ce choix par les beaux dessins, et l'élément « eau » qu'ils et elles aiment bien. Toutes les actions de la mère, et en miroir les non-actions du père, parfaitement contraires aux premières scènes de l'histoire, sont comme diluées dans cet événement perturbateur. Les deux sujets, deux filles, qui sont restées focalisées sur les stéréotypes, on retenu les situations impliquant le père de famille. On peut penser soit que l'action neutralise les contre-stéréotypes, mais pas systématiquement les stéréotypes. On s'aperçoit en tout cas que les filles ont un comportement plus rigide face aux stéréotypes, dans le sens où elles les conservent plus en mémoire.

Les deux derniers albums partagent une même structure narrative, suscitent le même type de réactions chez les garçons et chez les filles. En effet, dans *Quand Lulu sera grande*, une palette de situations plus ou moins stéréotypées est proposée. Le choix des garçons est assez orienté vers des situations stéréotypées, ou en tout cas vers des personnages secondaires plutôt « masculins », principalement le dragon. De manière symétrique, les filles ont retenu Lulu et son amoureux.

En revanche, la plupart des remarques concernant le moment préféré de cet album sont plutôt neutres : il s'agit de représentations de l'héroïne aussi bien pour les garçons que pour les filles, mais aussi de remarques qui ont trait au caractère esthétique des dessins, des couleurs.

Une fille met là aussi en place une stratégie de type défensif contre les stéréotypes, en dessinant « un » chevalier qui est « beau », alors qu'il s'agit de l'héroïne Lulu. Dans le déroulement de l'histoire, on ne pas peut voir ses cheveux longs et sous une armure il peut s'agir d'un garçon comme d'une fille.

Le dernier album étudié fonctionne sur un contre-stéréotype en lien avec les « apparats », puisqu'il s'agit d'un petit garçon avec les cheveux longs. Nombre d'exemples d'hommes aux cheveux longs sont présentés aux élèves, mais Tarzan reste le plus saillant pour les garçons. Les filles aussi puisent dans la palette de situations stéréotypées de l'album. Plus de la moitié d'entre elles ont dessiné Loris et son amoureuse. Un garçon a dessiné la scène où il est pris pour une fille, et il a trouvé ça « rigolo ». Enfin une fille a, de nouveau, dessiné « la fille qui a des longs cheveux », alors qu'il s'agit bien d'un garçon tout au long de l'histoire.

Conclusions et perspectives

On peut tout d'abord souligner, malgré la faiblesse des effectifs, que dans trois des quatre histoires, les élèves filles restent particulièrement sensibles (et ce quelle que soit la présentation) à tout ce qui touche aux amoureux, au couple. Les garçons se souviennent quant à eux plutôt de personnages stéréotypés

« masculins » (Tarzan, le dragon) mais aussi, et ce plus que les filles, des situations neutres. Cela confirmerait donc les remarques théoriques sur la construction du genre, et la notion « d'asymétrie cognitive et sociale ». Les filles s'attachent plus à des scènes stéréotypées, certaines vont jusqu'à modifier l'histoire, ou à être dans le contre-sens avec le héros pris pour une héroïne et inversement.

Notre première réflexion théorique concerne la présentation d'albums contre-stéréotypés à cet âge de scolarisation : cela nous apparaît important, mais sous certaines conditions. Il semble important d'éviter de jouer sur la dichotomie fille/garçon en reprenant les codes genrés (même s'ils sont inversés). Cela peut visiblement être perturbant pour les élèves. Il faut plutôt présenter aux élèves des histoires égalitaires, qui n'amorcent pas d'éléments stéréotypés. Nous proposons de choisir des albums qui ne jouent pas trop sur des personnages contre-stéréotypés (trop déstabilisants). En effet, les deux albums qui ont provoqué soit des réponses plutôt stéréotypés et/ou résistantes de la part des élèves sont *La princesse et le dragon* et *Long cheveux*, qui touchent deux questions différentes : le contre-stéréotype dans les « histoires de princesse » (très résistant à la modification) et l'album contre-stéréotypé avec un héros masculin (là aussi des éléments de résistances semblent apparaître, notamment pour les élèves garçons).

Nous pensons qu'il serait donc plus intéressant de jouer sur des variations endogroupes, c'est-à-dire de mettre en évidence les variations à l'intérieur d'une même appartenance de sexe. Dans ce cas, il est important de mettre l'accent sur les variations interpersonnelles des personnages de sexe masculin ou féminin. De même, il serait intéressant d'insister sur les similitudes plutôt que sur les différences entre des personnages féminins et masculins. En fait, il est fondamental de développer des albums proposant à la fois des modèles identificatoires similaires pour les garçons et les filles, des scènes plus égalitaires, des personnages divers et variés (et ce quel que soit le sexe), dans des perspectives de flexibilité et d'ouverture des possibles chez les élèves, en conformité avec les recommandations du *Bulletin officiel* de 2006. D'autres albums mériteraient d'être étudiés : par exemple *La fleur qui dérange*, qui joue sur la différence de couleurs des fleurs et interroge les mécanismes du rapport à l'autre, « le différent », ou encore *Sophie la vache musicienne* qui aborde aussi les thématiques de la différence et de la similitude, ainsi que le vivre ensemble.

Ce type de recherche exploratoire de la lecture offerte à l'école maternelle souligne les enjeux éducatifs de l'initiation à la littérature, et l'impact de ces lectures à court terme, mais aussi les enjeux présents au niveau des identifications possibles et des variations des normes genrées. Etudier les effets d'éléments contre-stéréotypés au niveau des élèves vise à identifier les obstacles éventuels au changement, et à promouvoir des politiques éducatives plus équitables en fournissant à la fois des données nécessaires en formation des enseignant.e.s, mais aussi des perspectives de travail en relation avec des enseignant.e.s de terrain, pour développer des séquences pédagogiques à plus long terme. L'objectif est, dans les deux cas, de proposer et de développer une pensée plus labile, moins rigide en matière de rôles de sexe et de stéréotypes.

Bibliographie

Alamichel D. (2000). *Albums, mode d'emploi – Cycles I, II et II*, Créteil : CRDP.

Ashton, E. (1983). Measures of play behaviour : the influence of sex-role stereotyped children's books. *Sex Roles*, n°9, 43-47.

Baerlocher, E. (2006). Barbie contre Action Man ! Le jouet comme objet de socialisation dans la transmission des rôles stéréotypiques de genre. Dans A. Dafflon-Novelle (dir.), *Filles-garçons. Socialisation différenciée ?* Grenoble : PUG, 267-286.

Bem, S. (1981). Gender schema theory: A cognitive account of sex-typing source. *Psychological Review, 88,* 345-364.

Bussey, K & Bandura, A. (1999). Social cognitive theory of gender development and differentiation. *Psychological Review*, 106, 676-713.

Brugeilles C., Cromer I. & Cromer S. (2002). Les représentations du masculin et du féminin dans les albums illustrés ou comment la littérature enfantine contribue à élaborer le genre. *Populations*, 57(2), 261-292.

Brugeilles C., Cromer S. & Panissal, N. (2009). Le sexisme au programme ? Représentations sexuées dans les lectures de référence à l'école. *Travail, genre et sociétés*, 21(1), 107-129.

Cromer S. (2005). Vies privées des filles et des garçons : des socialisations toujours différentielles ? Dans M. Maruani, *Femmes, genre et sociétés : l'état des savoirs*. Paris : La Découverte, 192-199.

Dafflon-Novelle A. (2002a). La littérature enfantine francophone publiée en 1997. Inventaire des héros et héroïnes proposés aux enfants. *Revue Suisse des Sciences de l'Éducation, 24(2),* 309-326.

Dafflon-Novelle, A. (2002b) Les représentations multidimensionnelles du masculin et du féminin véhiculé par la presse enfantine francophone. *Swiss Journal of Psychology, 61*(2), 85-103.

Dafflon-Novelle, A. (2006). D'avant à maintenant, du bébé à l'adulte : synthèse et implications de la socialisation différenciée des filles et des garçons. Dans A. Dafflon-Novelle (dir.), *Filles garçons – Socialisation différenciée ?* Grenoble : PUG, 361-388.

Danziger K. (1970). *Readings in child socialization.* Oxford : Pergamon Press.

De Bosscher, S., Durand-Delvigne, A., Przygodzki-Lionet, N. & Rémy, L. (2010). Comment les enfants utilisent-ils les catégories de sexe. *Revue Européenne de Psychologie Appliquée, 60*(3), 189-199.

Decroux-Masson, A. (1979). *Papa lit, Maman coud, les manuels scolaires en bleu et rose.* Paris : Denoel & Gonthier.

Detrez, C. (2005). Il était une fois le corps… Construction biologique du corps dans les encyclopédies pour enfants. *Sociétés Contemporaines, 59-60,* 161-177.

Durand-Delvigne, A. (1990). Identité, catégorisation par sexe et pratiques pédagogiques. *Revue Internationale de Psychologie Sociale, 3*(2), 167-181.

Duru-Bellat, M. (2003). *Inégalités scolaires à l'école et politiques éducatives.* Paris : Unesco.

Duru-Bellat, M. (2004). *L'école des filles. Quelle formation pour quels rôles sociaux ?* Paris : L'Harmattan.

Etaugh, C. & Rathus, S. (1995). *The world of children.* Fort Worth : TX, Harcourt Brace.

Ferrez, E. & Dafflon-Novelle, A. (2003). Sexisme dans la littérature enfantine. Analyse des albums avec animaux anthropomorphiques. *Les Cahiers Internationaux de Psychologie Sociale, 57,* 23-38.

Glick, P. & Fiske, S. (1998). Gender, power dynamics and social interaction » dans M. Ferree, J. Lorber & B. Hess (dir.), *Revisioning gender*. Thousand Oaks : Sage, 365-398.

Goguikian Ratcliff, B. (2002). *Le développement de l'identité sexuée : du lien familial au lien social*. Berne : Peter Lang.

Goguikian Ratcliff, B. (2006). Masculin, féminin chez l'enfant de la psychanalyse à la psychologie du développement. Dans A. Dafflon-Novelle (dir.), *Filles-garçons, socialisation différenciée ?* Grenoble : PUG, 223-239.

Heyman G. & Giles, J. (2006). Gender and psychological essentialism. *Enfance, 3*, 293-310.

Hurtig, M.-C. & Pichevin, M.-F. (1986) *La différence des sexes*. Paris : Tierce Sciences.

Kohlberg, L. (1966). A cognitive-developmental analysis of children's sex role concepts and attitudes. Dans E. Maccoby (dir.), *The Development of Sex Differences* Standford : Standford University Press.

Kortenhaus, C. & Demarest J. (1993). Gender role stereotype in children's literature : An update. *Sex Roles, 28* (3-4), 219-232.

Le Maner-Idrissi, G. (1996). Des choix d'objets sexués à 24 mois. *Psychologie et Éducation, 25*, 45-56.

Le Maner-Idrissi, G., Levêque, A. & Massa, J. (2002). Manifestations précoces de l'identité sexuée. *L'Orientation scolaire et professionnelle, 32*(4), 507-522.

Le Maner-Idrissi, G. & Renault, L. (2006). Développement du "schéma de genre" : une asymétrie entre filles et garçons ? *Enfance, 58*(3), 251-265.

Lloyd, B., Duveen, G. & Smith, C. (1988). Social representations of gender and young children's play : a replication. *British Journal of Developmental Psychology, 6*(1), 83-88.

Maccoby, E. (1998). *The two sexe : Growing up apart, coming together*. Cambridge : Harvard University.

Martin, C.. & Halverson, C. (1981). A schematic processing model of sex typing and stereotyping in children. *Child Development, 52*, 1119-1134.

Martin, C. & Halverson, C. (1987). The roles of cognition in sex role acquisition », dans D. B. Carter (dir.), *Current conceptions of sex roles and sex typing – Theory and research* (p. 123-137). New York : Praeger Publisher.

Martin, C. & Ruble, D. (2004). Children's Search for Gender Cues. Cognitive Perspectives on Gender Development. *Current Directions in Psychological Science, 13*(2), 67-70.

Matlin, M. (2007). *Psychologie des femmes.* Bruxelles : De Boeck.

Morin-Messabel, C. & Ferrière, S. (2008). Contexte scolaire, appartenance catégorielle de sexe et performance. De la variable de l'habillage de la tâche sur les performances et la perception de l'ennui. *Cahiers Internationaux de Psychologie Sociale, 80*, 13-26.

Ochman, J. (1996). The Effects of Nongender-Role Stereotyped, Same-Sex Role Models in Story Books on The Self-Esteem of Children in Grade Three. *Sex Roles, 35*, 1996, 597-607.

Rignault, S. & Richert, P. (1997). *La représentation des hommes et des femmes dans les livres scolaires.* Rapport pour le ministère.

Rouyer, V. (2008). La construction de l'identité sexuée du point de vue de la psychologie du développement et de la psychologie sociale. *Neuropsychiatrie de l'enfance et de l'adolescence, 56*, 335-338.

Rouyer, V. & Zaouche-Gaudron, C. (2006). La socialisation des filles et des garçons au sein de la famille : enjeux pour le développement. Dans A. Dafflon-Novelle (dir.), *Filles garçons, Socialisation différenciée ?* (p.27-54). Grenoble : PUG.

Seavey, C., Katz P, & Rosenberg S. (1975). Baby X. The Effect of Gender Labels on Adult Responses to Infants. *Sex Roles*, *1*(2), 103-109.

Tap, P. (1999). *Masculin et Féminin chez l'Enfant*. Toulouse : Privat.

Tepper, C. & Cassidy K. W. (1999). Gender Differences in Emotional Language in Children's Picture Books. *Sex Roles*, *40*(3-4), 265-280.

Turin, A. (2004). Promouvoir la mixité culturelle dans l'éducation des enfants. *Diversité Ville École Intégration*, 138, 39-46.

Vidal, C. (2006). *Féminin-Masculin, mythes et idéologies*. Paris : Belin.

Annexes

Tableau 1 : « La Princesse et le dragon »

sujet	sexe	Dictée à l'adulte	
		Description	Moment préféré
S01	G	le dragon il fait du feu	parce que c'est moi qui a dessiné ce moment
S02	G	le dragon qui crache le feu sur toutes les forêts. Et c'est la princesse	parce que je voulais dessiner du feu
S03	G	c'est quand le dragon souffle sur le feu pour brûler 100 forêts, la petite fille regarde	parce que j'ai aimé tous les moments
S04	G	le moment où le dragon brûle toutes les forêts	parce que j'aime bien les dragons, quand il crache du feu cela m'intéresse
S05	G	c'est le dragon endormi avec la princesse qui a un carton sur son ventre	moment préféré car elle lui crie dans les oreilles et le dessin est facile
S06	G	le prince, le dragon, les flammes du dragon	parce que j'ai trouvé que c'était bien
S07	G	c'est plein de feu	il y avait du soleil et la princesse
S08	G	le dragon est entrain de brûler 100 forêts	j'aime bien les pages où il y a du feu
S09	G	c'est le dragon qui crache du feu pour brûler 100 forêts	parce que c'était le feu
S10	F	c'est un dragon qui souffle tous ses pouvoirs	parce que ça m'a fait plaisir de faire ça

S11	F	moment où le dragon se repose, il y a le soleil et la princesse	parce que j'aime bien le lieu où cela s'est passé
S12	F	c'est là où il brûle les 100 forêts	parce que j'aime bien quand il y a du feu
S13	F	c'est les flammes, c'est le dragon, c'est quand il brûle les arbres	quand le dragon crache du feu
S14	F	c'est la fin, la princesse lance ses bras en l'air et j'ai bien aimé	moment préféré car elle a dit à Ronald « t'es un gros nul »
S15	F	c'est le prince et la princesse quand ils se retrouvent à la fin	parce qu'il était joli
S16	F	tout début, quand la princesse devait se marier avec le prince, avant que le dragon vienne	parce que la princesse était trop belle
S17	F	c'est la princesse qui donne la main au prince	moment préféré parce que j'ai vu dans l'histoire que je voulais le faire
S18	F	quand ils vont se marier	parce que j'aime quand on se marie
S19	F	c'est le dragon de la couverture	parce que je l'ai bien aimé, parce qu'il me plaisait
S20	G	tout le début de l'histoire la princesse doit épouser le prince, c'est ce moment là que je préfère	parce que les deux personnages qui me plaisent le plus
S21	G	Le dragon souffle du feu qui brûle 100 forêts à la fois	moment préféré parce que le dragon après il a plus de feu

Tableau 2 : « Un heureux malheur »

S22	G	j'ai fait un bateau et deux rats	
S23	G	c'est les rats dans la chaussure et la souris fait comme un pirate avec sa main devant le front	moment préféré parce qu'ils sont vivants, ne peuvent plus se noyer
S24	G	c'est quand les rats étaient sur la table renversée	moment préféré parce que j'adore l'eau
S25	G	c'est le moment où ils avancent avec une cuillère	j'ai bien aimé le petit bateau
S26	G	c'est les rats sur la table à l'envers	l'eau c'est un élément qu'on travaille beaucoup
S27	G	c'est tous les petits rats en train de rêver	j'ai bien aimé ce moment
S28	G	c'est quand les rats ont dormi sur leurs lits	
S29	F	c'est le moment où les souris sont dans la chaussure	
S30	F	c'est quand les rats sont sur la table	j'aime bien l'eau
S31	F	c'est le bateau qui est fait avec le lit	
S32	F	c'est le moment où le papa raconte une histoire à ses enfants	j'ai bien aimé
S33	F	c'est quand le tuyau s'est cassé, j'ai fait les vagues	j'ai trouvé que les images étaient jolies
S34	F	c'est quand le tuyau s'est crevé et que l'eau arrive	j'aime bien l'eau quand elle arrive d'un coup

S35	F	c'est le moment où les rats sont sur le bateau	
S36	F	c'est le moment où ils se sauvent sur le radeau avec leur maman	j'aime bien ce moment
S37	F	c'est quand il y a de l'eau dans la maison	
S38	F	tout est inondé, c'est la maman qui a pris le tableau pour qu'ils montent dessus pour pas qu'ils soient morts	
S39	F	c'est le moment où ils mangent (un bébé, la maman, des frites)	j'aime bien quand ils sont en train de manger
S40	F	c'est quand les rats sont sur la table transformée en bateau	j'aime bien quand le bateau bouge

Tableau 3 : « Quand Lulu sera grande »

S41	G	aurélien et lulu ils sont amoureux	parce que la fille elle est très jolie et aurélien aussi
S42	G	là c'est lulu qui avait chassé le dragon	j'ai choisi ce moment parce que je trouvais que c'était bien dessiné
S43	G	la petite fille dans le camion maison	parce que je trouvais qu'il était beau le camion
S44	G	c'est quand elle tuait le dragon	parce que j'aimais bien la tête du dragon, j'aime bien les dragons
S45	G	quand elle soigne les petits animaux, la femme est très grande	la petite naine est mignonne la grande femme est rigolote quand elle est grande

S46	G	j'ai mis des traits pour pas qu'on confonde les images, c'est quand elle est toute petite et qu'elle dit qu'elle est déjà copine des petits animaux, c'est quand elle dit qu'elle livre plein de pizzas et qu'elle est dans une montgolfière, là c'est quand elle est très très très grande, et elle a des cheveux très très longs	
S47	G	le cheval	parce qu'il y avait plein de couleurs
S48	G	celles qui dansent	on fait la danse avec carla, j'aime bien la danse
S49	G	un camion	parce que ça va vite
S50	F	quand ils étaient amoureux, qu'ils allaient se marier (petit cœur, aurélien, lulu)	j'ai trouvé que c'était beau et joli les images
S51	F	le cheval et la fille, les cheveux longs	parce que le cheval est joli, la fille aussi, un chemin et un château, c'était très beau le cheval
S52	F	elle se balance sur les lianes	parce que j'aime bien la nature
S53	F	c'est la princesse qui a les cheveux longs	j'ai choisi ce moment parce qu'elle était belle
S54	F	quand ils faisaient un bisous	parce que c'était beau

S55	F	c'est la maison qui roule, la c'est elle qui crie sur le serpent, la tête de l'éléphant, la petite souris, et la c'est le vent qui s'en va parce qu'elle crie, là c'est où elle conduit	j'ai choisi ce moment parce que j'aimais bien la maison qui était jolie avec les animaux
S56	F	quand il a dit qu'il est chevalier	parce que je trouvais que le chevalier il est beau
S57	F	là j'ai dessiné les nuages, c'est la fille qui était très haute, en bas c'est les petits hommes que la grande va écraser	j'ai choisi ce moment parce qu'il était très très beau
S58	F	j'ai dessiné la maison où il y avait des roues	j'ai choisi ce moment parce que j'aimais bien tout
S59	F	quand il y avait tous les animaux dans le bus	parce qu'il était joli, bien
S60	G	c'est un éléphant qui est blessé	j'ai choisi ce moment parce que l'éléphant c'est un animal que j'aime bien
S61	G	quand elle dit qu'elle est amoureuse d'aurélien	parce qu'il parle d'amour c'est rigolo
S62	F	j'ai fait la géante avec les petits bonshommes	j'aime bien parce qu'elle écrase les monsieurs
S63	F	c'est la petite souris, elle est trop mignonne, quand elle est grande	parce que c'était joli (le dessin) et marrant
S64	G	c'est le moment où elle est peintre	moment préféré parce que j'ai aimé la maison

Tableau 4 : « Longs cheveux »

S65	G	j'ai dessiné une fille qui regarde, c'est une fille qui regarde un garçon qui s'appelle tarzan	parce que j'aime bien ce moment de faire des dessins
S66	G	c'est le moment où le garçon dit les noms des super héros aux cheveux longs	ce que j'ai aimé c'est qu'il parle des super héros musclés
S67	G	c'est quand il joue de la guitare sur le banc	j'aime bien les guitares
S68	G	tarzan dans la jungle, il a des cheveux longs	parce qu'il était joli
S69	G	quand tarzan il est super fort, et aussi ils sont amoureux	j'ai bien aimé tarzan et quand ils sont amoureux et quand son papa joue de la guitare
S70	G	quand il est avec elle sur le banc	parce qu'il y avait un banc dans la classe
S71	G	c'est un tarzan, il dit que ce qu'il aimait ils ont les cheveux longs	je savais pas quoi dessiner
S72	F	tarzan qui se balançait et puis l'autre bonhomme, celui qui avait pris avec l'appareil photo	parce que le dessin était joli et que j'avais bien aimé l'histoire
S73	F	c'est quand il fait de la musique avec sa copine	parce que j'aime bien la musique
S74	F	la dame avec le monsieur qui fait de la musique	parce que j'ai trouvé qu'il était bien
S75	F	c'est quand loris joue de la guitare et il y avait elena à côté	j'ai bien aimé parce qu'il jouait de la guitare

S76	F	c'est à la fin quand la fille dit, elle préfère chanter de la guitare avec le garçon	les images sont jolies
S77	F	tarzan qui va sur la liane	parce que je trouvais que tarzan c'était bien et c'était rigolo
S78	F	c'est quand ils sont amoureux, ils jouent de la guitare et ils se tiennent la main	la page est jolie, j'aime bien cette page
S79	F	c'est à la 2ème page, quand il est avec la fille et le garçon qui jouent de la guitare	j'aime ce moment parce que la guitare est jolie
S80	G	quant le petit garçon la boulangère l'appelle « la petite demoiselle »	je l'aimais bien, rigolo
S81	F	l'amoureuse, la guitare et le garçon	ça parle d'amour
S82	F	j'ai fait la fille qui a les grands cheveux	parce que c'était bien
S83	F	c'est quand il joue de la guitare	j'ai bien aimé ce moment parce que la page est jolie
S84	F	où ils jouent de la guitare	parce que la page est jolie

Chapitre 2
Corps en jeu dans la littérature de jeunesse

Anne-Marie Mercier-Faivre
Professeure des universités en littérature française
Université Claude Bernard Lyon 1
IUFM de l'académie de Lyon, Groupe PRALIJE (IUFM)
et UMR 5611, LIRE (CNRS-Lyon2)

Depuis les années 1970, on traque le sexisme dans les objets culturels à destination de l'enfance, et notamment dans les albums[4]. L'enquête menée par Adela Turin, qui avait été une pionnière[5] sur ce sujet, a été renouvelée par de nombreux travaux depuis 2002, comme ceux du groupe de Genève, avec Anne Dafflon-Novelle[6], ou ceux de Carole Brugeilles, Isabelle Cromer et Sylvie Cromer qui justifiaient leur nouvelle enquête par la permanence des mêmes traits et par l'expansion de la littérature de jeunesse, devenue un secteur éditorial important à large diffusion. Leur étude a montré que les personnages masculins dominent et que les rôles sociaux restent pris dans les clichés habituels, mais qu'une évolution est sensible : « L'enfant, dans son devenir sexué, est encore préservé. À cet égard, il est significatif qu'au stade du caractère et des qualités, les palettes identitaires se soient élargies jusqu'à être semblables (noyées dans la gentillesse) si ce n'est la légère tendance à l'emblématisation pour les filles » (Brugeilles & al., 2002, p.288). Il demeure que les albums illustrés « véhiculent

---

[4] Pour un résumé des enquêtes, voir Brugeilles C., Cromer I., Cromer S. (2002). L'hypothèse de départ de cette enquête postulait que « les albums accordent aux personnages féminins une place minoritaire et leur attribuent des traits physiques, de caractère ou de personnalité, des rôles, un statut social, etc. spécifiques, peu variés, voire caricaturaux, en décalage avec la réalité. Quant aux personnages masculins, leur place serait plus valorisée, mais tout autant stéréotypée » (p.265).
[5] Turin, A. (2004). Adela Turin est auteure d'albums luttant cotre les stéréotypes sexistes, et la fondatrice de l'association « Du côté des filles ».
[6] Voir entre autres Dafflon-Novelle, 2002a et Ferrez & Dafflon Novelle, 2003.

des rapports sociaux de sexe inégalitaires » (Brugeilles & al., 2002, p.189).

Nelly Chabrol Gagne (2011) a montré dans son ouvrage, *Filles d'albums. Les représentations du féminin dans l'album*, les progrès qui ont été accomplis dans la création contemporaine la plus inventive. L'objet de la présente étude est de montrer comment l'identité sexuée ou genrée apparaît dans les ouvrages destinés à la jeunesse[7] et d'évaluer les efforts faits par certains albums contemporains pour dénoncer les stéréotypes de genre. À travers ces observations, nous montrerons quels moyens sont mis en œuvre pour combattre les clichés, avec le risque d'en créer de nouveaux ou de transformer les albums en littérature de propagande – termes pour nous proches de l'oxymore si l'on prend le mot « littérature » dans son sens restreint : production à visée plus esthétique que commerciale ou idéologique.

On s'attachera essentiellement à la problématique du corps et de son apparence, ce qui offre des perspectives permettant de limiter le sujet tout en l'inscrivant dans un contexte plus vaste, celui du jeu et de la lecture. Les textes et les images, aussi bien que les formes de « lecture » associées à la matérialité de chaque livre proposent aux enfants d'ouvrir leur regard sur le monde qui les entoure et sur ses possibles – ou ses impossibles. C'est d'abord à travers les encyclopédies et les imagiers qu'elle propose ce qui se présente faussement comme un reflet du monde, ce reflet étant souvent déformé par les stéréotypes sociaux. Mais dans les livres de jeunesse comme dans toutes les activités de l'enfant, le jeu occupe une place centrale (Perrot, 1999), et certains livres proposent une réalité avec laquelle on peut jouer. De même que l'enfant peut jouer à construire, déconstruire, habiller, déshabiller, certains livres proposent de jouer avec les corps, corps d'animaux ou corps d'humains et de tester ainsi différentes possibilités. L'identification au personnage est une façon d'expérimenter tous les possibles fictionnels, que ce soit par le jeu ou par le texte (être un loup ou une abeille, Zorro ou

---

[7] J'ai développé cette question de l'identité sexuelle ailleurs : Mattès F. & Mercier-Faivre A.M. (2012).

un chasseur de papillons, une princesse ou une chevalière, un papa ou une maman et bien sûr, une fille ou un garçon). Ainsi, la dimension de jeu, présente dans toute lecture (Picard, 1986 ; Jouve, 1992 et 1993), est aussi fondamentale mais s'exprime aussi de façon plus affirmée lorsqu'il s'agit des lectures d'enfance.

Le corps représenté est un objet pour le jeu. Ainsi, nous nous intéresserons à des albums qui mettent en scène des corps, plus ou moins sexués mais toujours « genrés », à construire ou déconstruire. Il y a aussi du « jeu » dans la représentation du sexe et du genre. Nous le verrons à travers deux questions, et tout d'abord celle de l'identité : qui est fille, qui est garçon ? Les albums qui posent cette question et/ou y répondent peuvent renvoyer soit à la question du sexe, rarement abordée directement, et plus souvent à la représentation des genres : les corps, les activités, les vêtements, les postures des personnages, sont très souvent liés aux stéréotypes, beaucoup plus qu'en littérature générale.

Métamorphoses des corps

Jeux de formes

Pour les petits, mais aussi de plus en plus pour les grands, on trouve des albums qui proposent toute une série de combinaisons et sont autant un livre qu'un jeu : albums à rabats, à tirettes, mélis mélos... Ils proposent de jouer à découvrir, cacher, permuter, combiner. Ainsi, *Axinamu* de Francesco Pittau et Bernadette Gervais (Panama, 2008) propose avec un jeu complexe de pliures ou de découpes de donner à une moitié inférieure d'âne une moitié supérieure de guépard, etc. On trouve des dispositifs encore plus variés dans *Imagine* de Norman Messenger (Seuil, 2005). Cet album combine des procédés traditionnels d'hybridation (certains anciens comme celui d'Arcimboldo qui propose une image de corps humain fait à partir de fruits et de légumes), des rabats qui permettent de créer des animaux fantastiques, avec d'autres plus surprenants. On peut voir un corps en mouvement (une bouche qui s'ouvre, celle d'une femme qui mange un gâteau) et on peut, en actionnant un rond central dans une image, donner un chapeau d'homme à un martien et un crâne chauve à une fille à cheveux longs. Plus orienté du côté de la réflexion sur le genre, le *Méli mélo* de Merlin (Albin Michel, 2007) propose à la fois des personnages et des histoires avec des pages divisées en trois bandes horizontales. Lorsque celles-ci sont lues de façon ordonnée, les choses restent dans l'ordre de ce qui est perçu comme une norme : si « Miss Irène (comprendre miss sirène) caresse son poisson rouge », on voit que « jojo bricole son auto »... Mais si l'on bouleverse cet ordre, grâce aux découpes, un personnage marqué par son prénom du côté du masculin peut être doté d'attributs féminins, aussi bien au niveau de parties du corps que des vêtements, objets, activités : Major Tom aura alors le buste de la sirène aux seins à peine couverts, Jojo sera en robe sur un skate. La norme est là, mais on peut la faire varier à sa fantaisie.

Le jeu de combinaison et de distance à travers ce qui est perçu comme possible ou impossible interpelle ici l'enfant sur ce qu'il peut concevoir comme envisageable ou non, révoltant ou désirable, dans les échanges de rôles et dans le jeu avec les stéréotypes. L'intérêt de ce type d'ouvrage est dans sa dimension créatrice et libre : chaque lecteur ou lectrice fabrique à sa guise images et histoires et les interprète à sa manière sans qu'un narrateur lui dise ce qui est licite ou non. Les catégories du vrai et du faux ne sont pas imposées et peuvent même être gommées dans le temps et dans l'espace du jeu, même si le réel connu de l'enfant comme l'ordre initial proposé par l'album reste toujours à l'arrière plan. Ce qui peut apparaître ici comme un idéal peut-il être imité par des albums où la narration laisse peu de place à la variation ?

Jeux de corps : grandir

Dans les ouvrages destinés aux jeunes enfants comme aux adolescents, de Lewis Caroll à Claude Ponti en passant par Collodi (Mercier-Faivre, 2011), l'une des thématiques principales du corps, hors celle de l'identité sexuelle que l'on verra plus loin, est celle qui s'attache à la croissance et à la métamorphose que cela implique, même si cela reste souvent implicite. Le corps peut être déformé, étiré comme dans *Alice au pays des merveilles*. Alice rapetisse, Alice grandit en buvant des potions. Il lui faut obtenir la taille idéale et devenir toute petite pour entrer dans le merveilleux jardin à la suite du lapin : image de l'enfance à laquelle on n'a plus accès en grandissant ? On trouve un détail similaire dans *Peter Pan* : les enfants qui grandissent ne peuvent plus voler et se rendre ainsi au Pays imaginaire. Plus loin dans l'histoire, Alice grandit à l'intérieur de la maison du lapin et y est littéralement « coincée », d'abord « agenouillée sur le plancher », puis un bras sortant par une fenêtre, un pied dans la cheminée (Caroll, 1979, p.64). Grandir revient ici à être « coincée dans la maison » : image du sort de la jeune fille victorienne lorsqu'elle est en âge d'être mariée ? La littérature enfantine se complaisant souvent dans le « complexe de Peter Pan », c'est-à-dire le refus de grandir (Cani, 2007), l'image dominante est plutôt celle de la petitesse : que ce soit à travers un personnage qui nous fait changer d'échelle (Poucette, Gulliver à Lilliput, ou plus récemment Tobie Lolness) ou à travers un héros qui rapetisse comme Nils Holgerson, ou Alice. Le devenir-femme/homme est ainsi repoussé très loin.

Autre régression possible, la métamorphose en autre chose. Ainsi, chez Claude Ponti dans *Georges Lebanc* (L'école des loisirs, 2001) : « Le square Albert-Duronquarré est magique. Lorsque les gens y entrent, ils deviennent la peluche ou la poupée qu'ils préféraient quand ils étaient petits ». Quand il s'agit d'une peluche, la régression gomme les distinctions de sexe ou de genre. Quand il s'agit d'une poupée, on ne peut pas dire que les caractères sexués soient très affirmés – et rien ne dit qu'un garçon n'a pas pu aimer une poupée et donc devenir poupée. Dans les deux cas, la maturation est bloquée. Rester *petit*, c'est pouvoir réaliser ses désirs, garder l'entrée au domaine de l'enfance, régresser, être en sécurité. C'est aussi avoir l'assurance de ne pas changer et de ne pas rejoindre le monde des hommes et des femmes.

Jeux de société : vieillir

À la peur de grandir et à l'inquiétude face aux métamorphoses du corps que cela suppose s'ajoute la peur de vieillir et de perdre ce qui fait le plaisir de l'enfance, et sans doute son indétermination, son ouverture à tous les possibles. L'album *Quand j'étais petit* de Mario Ramos (L'école des loisirs, 1997) montre remarquablement les images des âges de la vie et semble dire que vieillir, c'est être marqué par la différence des sexes et se retrouver ainsi enfermé dans un rôle social. Il oppose enfance et âge adulte à travers un jeu de découpes et de superpositions qui permet, dans une même double page, de voir les deux faces d'un personnage : en soulevant la partie découpée qui représente l'adulte on voit, dans le même décor, l'enfant qu'il a été. Au-delà de l'opposition enfance/âge adulte, cet album pose la question de ce que c'est qu'être un homme ou une femme. Il y répond en nous disant qu'on ne naît pas tel, mais qu'on le devient. Les personnages féminins adultes représentés sont fortement stéréotypés du côté du genre avec des caractères de futilité et de passivité : l'une (cochon adulte) se trouve belle en son miroir, l'autre (chat) rêve à la fenêtre[8] comme Madame Bovary. Du côté des hommes, c'est encore moins drôle de vieillir : le chimpanzé est soucieux, avec un cartable posé à ses pieds (on reconnaît dans sa posture le penseur de Rodin), le rhinocéros à l'attaché-case est pressé. Si le loup semble inactif et hors du cadre du travail salarié, il est debout dans la forêt, appuyé contre un arbre, en jeans et débardeur, on voit bien qu'il attend une proie. Les personnages adultes masculins sont présentés dans un cadre naturel. Ils sont accablés ou menaçants, tandis que les personnages adultes féminins sont passifs et cantonnés aux espaces intérieurs[9]. L'album montre qu'ils ont été des en-

---

[8] Sur les usages emblématiques de la fenêtre et de l'attaché case, voir le « lexique sexiste » proposé par Adela Turin (Turin, 2004, p.39).

[9] Les pages de première et quatrième de couverture sont les seules à ne pas porter de stéréotype de sexe mais évoquent une énergie et une liberté perdues. Le personnage qui représente l'artiste (le titre, à la première personne suggère cette identification) est un éléphant adulte qui peint une nature morte sur une petite toile de chevalet, l'enfant éléphant de la quatrième de couverture peint librement des traits de couleur sur les murs…

fants actifs, rêveurs, ou farceurs, au moment où les rôles sexués ne les avaient pas encore déterminés : la jeune chatte chasse alors que la chatte adulte ne voit pas les souris qui courent à ses pieds, la petite cochonne ne se soucie guère de son apparence alors que l'adulte est devant son miroir, le petit loup et le rhinocéros contemplent des fleurs ou des oiseaux... Ainsi, l'activité a fait place à la passivité et la rêverie à la préoccupation. Seule la girafe et l'éléphant n'ont pas complètement changé : elle est toujours curieuse, il peint toujours, mais leurs activités sont moins inventives et plus licites. Aucune leçon directe n'est donnée sur la question du genre. Mais l'enfant peut voir que les enfants, mâles ou femelles, ont la même énergie et se ressemblent. Il peut aussi voir ce qu'ils ont perdu, les un(e)s comme les autres, en se laissant enfermer à l'âge adulte dans des rôles stéréotypés. Mario Ramos montre en images ce qu'une étude récente dévoile : en littérature de jeunesse, c'est aujourd'hui l'image des adultes qui est porteuse de rôles genrés (Brugeilles & al., 2004).

Le sexe en jeu

Le sexe joueur

Qu'est-ce qu'être une fille, ou qu'est-ce qu'être un garçon ? L'est-on ou le devient-on ? Peut-on échapper à ce devenir ? Cela peut être d'abord un objet de pure curiosité, un jeu, mais aussi une interrogation fondamentale. Peu d'albums ont posé la question directement et ont répondu aussi directement que ceux des années 1970, comme *Les Filles* d'Agnès Rosentiehl, paru en 1976 aux éditions Des femmes. Le dévoilement du corps est ici de l'ordre du jeu, du défi. L'album présente deux enfants, un garçon et une fille. La fille commence le dialogue : « Moi je suis une fille, tu connais ? – Montre (soulevant sa robe, elle montre). – Toi aussi, montre (ouvrant sa braguette, il montre). – Moi c'est doux ! – Et moi, touche ! ». Les deux enfants font un concours pour voir qui urinera le plus loin. Le garçon proteste : « Dis, tu triches, tu te penches ! – Et toi tu triches, tu touches ! ». On peut opposer cette scène à celle qui est reproduite dans un album récent, *Moi j'aime pas les garçons* (de Vittoria Facchini, Circonflexe, 2001) : « Les garçons adorent faire des concours de pipi. C'est à celui qui fera le plus loin. N'importe quoi ! » Ici, la fille qui énonce ces propos est bien loin d'imaginer qu'elle pourrait jouer au même jeu.

Il semble que dans les albums contemporains les filles et les garçons ne jouent plus ensemble avec leurs corps, ni en se les montrant, ni en les touchant. *Les Chatouilles*, bel album sans texte de Christian Bruel[10] et Anne Bozellec, publié au Sourire qui mord en 1980 serait sans doute impossible aujourd'hui : il montre les ébats de deux enfants. Ici encore, c'est la petite fille qui est à l'initiative du jeu, chatouillant avec une plume le garçon endormi. Tous deux, à force de chatouilles, finissent à moitié nus sous les draps où ils s'agitent encore, loin du regard des adultes, mais guettés par deux petites souris qui les imitent. Un autre ouvrage de Christian Bruel avait fait sensation à la même époque que *Les Filles* d'Agnès Rosentiehl, l'*Histoire de Julie qui avait une ombre de garçon* (1976[11]), album fondateur des éditions du Sourire qui mord. Julie, en proie à des questions d'identité joue d'abord seule avec son corps, comme on le verra plus loin, avant de rencontrer un garçon qui, lui aussi, est dans le même refus de correspondre au rôle qu'on veut lui imposer. Pour l'édition jeunesse, c'était la belle époque de l'innocence et de tous les possibles, du jeu et des rencontres. Notre époque montre un esprit de sérieux. On peut en voir un exemple dans un bel album, *L'apprentissage amoureux,* de Laetitia Bourget et Emmanuelle Houdart (Seuil Jeunesse, 2005) où dans les premières pages deux enfants se découvrent l'un et l'autre nus, mais à distance. Le texte dit qu'« ils ont fait des tas de découvertes ensemble ». Ces découvertes sont de l'ordre d'une connaissance de l'autre qui se construit, mais elles désignent le long terme, celui d'une vie avec ses étapes. Celle-ci est marquée par la question de la construction du couple, donc par une téléologie, plus que par celle, plus enfantine, de la pure curiosité et du jeu, de la jouissance de l'instant.

---

[10] Voir Perrin, D. & Mercier, A.-M. (dir.) (2013).
[11] Réédité aux éditions Être, maison d'édition fondée par C. Bruel, en 1997 après la disparition du Sourire qui mord.

Le sexe guetté

En 1998 cependant, *Mademoiselle Zazie a-t-elle un zizi ?* de Thierry Lenain (illustré par Delphine Durand, Nathan, Collection « première lune ») propose une approche assez directe, mais sans que l'on revienne pour autant au jeu commun et à la jouissance des corps. Max pense que les seules personnes fréquentables sont les garçons et qu'eux seuls ont des activités intéressantes. Par définition, les garçons ont un zizi, et les filles n'en ont pas. Il est troublé de voir arriver une fille (elle s'appelle Zazie et a des tresses) qui se conduit comme un garçon. Persuadé qu'il y a erreur ou tromperie, il use de multiples ruses pour la voir nue et vérifier qu'elle est bien un garçon déguisé, ce qui remettrait les choses en ordre. Arrivé à ses fins, Max reste bouche bée et les yeux écarquillés. Il bafouille : « Tu... tu... tu n'as pas de zizi ? ». Étonnée, Zazie regarde le bas de son ventre. Elle répond : « Ben non, j'ai une zézette ». Et elle plonge dans l'eau. Ainsi les féministes, depuis le livre d'Elena Gianni Belotti (1974), *Du côté des petites filles,* ou celui de Christiane Olivier (1980), *Les Enfants de Jocaste,* publiés dans la même période auraient marqué un point : les filles ne sont plus marquées par le manque, mais par la différence. Un album, très conventionnel par ailleurs, de Corinne Dreyfuss (Casterman, 2003), Les *Nénettes,* s'achève sur la même déclaration d'égalité : « quand c'est l'heure de la sieste, on pète sous la couette, on renifle nos chaussettes, on regarde nos zézettes ». Face à face (*L'apprentissage amoureux*, *Mademoiselle Zazie*) ou séparés (*Les Nénettes*, *J'aime pas les garçons*, *J'aime pas les filles*), garçons et filles ne se touchent plus dans les albums pour enfants. Le corps n'est plus tant occasion de jeu que d'observation sérieuse, voire d'inquiétude.

Le sexe inquiet

Les garçons ont bien des soucis : suffit-il d'avoir un pénis pour être un garçon ? Ou bien faut-il l'avoir de taille convenable, comme l'affirme le rival du malheureux héros de Lenain dans *Petit Zizi* (Les 400 coups, 1997) ? Les filles de leur côté n'en manquent pas non plus : la Julie de *L'Histoire de Julie qui avait une ombre de garçon* ne se conduit pas comme une fille le devrait, ne ressemble pas à une fille. Les paroles de sa mère montrent à quoi doit ressembler une fille : « Il est hors de question que je t'emmène dans cet état ! », « Julie, ça va mal se terminer, tu vas te peigner un peu mieux ! », « Ma parole, tu le fais exprès ! Tu sais très bien que ce pull est déchiré. D'ailleurs, je vais le jeter ». Ce dialogue dans lequel seule la mère s'exprime s'achève par ces paroles significatives : « Là, tu es toute belle ma chérie, je te reconnais vraiment », dit la mère, alors que progressivement, le sourire de Julie s'est éteint et que ce qui faisait sa personnalité a disparu. « Être reconnu » dans le sens où le dit la mère de Julie, implique de correspondre à l'image que les parents se font de l'enfant, selon qu'il/elle est fille ou garçon.

Le trouble de Julie, perte d'identité puis désir de disparaître, s'exprime entre autres avec la dernière phrase d'un passage, qui a fait scandale en son temps et est encore moins imaginable aujourd'hui dans ce secteur éditorial : « On l'aime bien quand elle n'est pas coiffée comme Julie. On l'aime bien quand elle s'assied mieux que Julie. On l'aime bien quand elle parle moins que Julie. Maintenant elle ne sait même plus à qui elle ressemble. Même son miroir ne la reconnaît plus. Ce soir Julie est découragée. [...] Elle n'est peut-être qu'un garçon, manqué en plus, avec cette fente entre les cuisses qu'elle aime bien toucher doucement. Julie ne sait plus qui elle est... ». Ainsi, des albums de jeunesse disent qu'être fille ou garçon n'est pas qu'une question de sexe aux yeux des autres et notamment de la société adulte, c'est aussi, et presque surtout, une question d'apparence. Ce sont des vêtements, des activités, des goûts...

Stéréotypes

Animaux

Comme Eliane Ferrez et Anne Dafflon-Novelle l'ont montré (Ferrez & Dafflon Novelle, 2003), même lorsque la littérature de jeunesse propose des animaux comme personnages, les rôles sexués sont bien présents : lorsque des animaux différents sont utilisés, le mâle sera incarné par le gros animal, la femelle par le représentant d'une espèce plus petite. Ainsi, dans les albums de la série *Ernest et Célestine* de Gabrielle Vinent, publiés à partir de 1981 aux éditions Duculot, il n'est pas étonnant que l'adulte mâle soit représenté par un ours et l'enfant femelle par une souris. On pourrait doubler ces remarques par d'autres sur le choix des noms ou surnoms des personnages, leurs sonorités et les connotations qui peuvent y être associées. Lorsque l'on a affaire à des animaux de même espèce, on peut trouver des animaux où le mâle se distingue aisément, ce qui permet d'ajouter d'autres caricatures. Dans *Quatre poules et un coq* de Lena et Olof Landström (L'école des loisirs, 2005*)*, si le coq est plus petit que les femelles, il est très identifiable par sa crête démesurée et par son caractère autoritaire. Il prétend être seul détenteur du savoir et de la réflexion : « les poules ne sont pas censées penser », s'exclame-t-il. Même dans le cas d'espèces où la différence physique des deux sexes est moins perceptible, on peut presque toujours deviner un sexe pour l'adulte. La série des petit ours de Martin Waddell et Barbara Firth, initiée par *Tu ne dors pas petit ours ?* (L'école des loisirs, 1981), moins orientée vers la caricature et ne se souciant pas de dénoncer des stéréotypes, illustre le fait que dans le doute c'est le masculin qui l'emporte : elle met en scène deux personnages appelés l'un « grand ours » et l'autre « petit ours », qui semblent tous masculins, non pas tant à cause de l'orthographe et des adjectifs masculins, difficile à repérer à l'oral, mais à cause des postures et occupations. Si grand ours a des attitudes « maternelles », prenant le petit sur ses genoux, le mettant au lit, sa posture sur le fauteuil, ses lunettes[12], les trophées sportifs et photos qui le représentent placés sur la cheminée, le marquent du côté des images traditionnelles du masculin. S'il fait la vaisselle, le motif de son tablier le classe du côté du masculin (comme on le verra plus loin).

Vêtements

Bien souvent, c'est le choix de costumes très distinctifs qui permet de distinguer filles et garçons : la série de la famille souris de Kazuo Iwamura en est un exemple frappant. Dans *Le*

---

[12] Attribut typiquement masculin d'après l'enquête de Brugeilles & al. (2002), p.286 ; voir aussi Turin, 2004, p.39.

Pique-nique de la famille souris (L'École des loisirs, 1988), les vêtements sont démodés, proches de ceux des pionniers américains du début du XXe siècle. Les femmes et filles portent des robes (à l'exception de la grand-mère, en pantalons, ce qui est significatif de la dé-sexuation des femmes âgées[13] qu'a étudié Françoise Héritier dans *Masculin-Féminin. La Pensée de la différence*), des rubans ou des nœuds dans les cheveux et des tresses, les hommes portent des bretelles, pantalons ou shorts. Les motifs (pois pour les femmes/carreaux ou rayures pour les hommes), les tons (pastels pour les unes/vifs pour les autres) et les couleurs (variantes de rose pour les filles et de bleu pour les garçons) redoublent ces caractérisations. Parfois ces traits permettent des distinctions fines, que l'on perçoit sans les remarquer. Ainsi, dans l'album évoqué plus haut, *Tu ne dors pas petit ours ?*, le rare moment où l'ours adulte est habillé le montre portant un tablier. Mais ceci ne le marque pas du côté du féminin, même s'il range la maison et fait la vaisselle : les rayures de son tablier suffisent à le marquer du côté du masculin.

Activités

Il est ainsi très rare qu'on soit incapable de déterminer le sexe d'un personnage, sauf quand les auteurs le font délibérément. Les albums de Christian Bruel illustrés par Nicole Claveloux dans lesquels les personnages n'ont pas de noms et ressemblent à des bébés font partie de ces rares exceptions : dans *Toujours devant*, une troupe de personnages de ce type fait de la trottinette, organise un pique-nique puis construit un bateau. Il est impossible de dire qui est fille ou qui est garçon. Dans la plupart des cas, les albums reprennent les schémas traditionnels : ce sont les garçons qui font des activités d'extérieur (Brugeilles & al., 2002, pp.284-286, p.289) en grand groupe, ce sont eux qui sont en mouvement, tandis que les filles sont cantonnées à des jeux calmes, en cercles restreints. Quand elles bougent, c'est pour faire du sur place (sauter à la corde, à l'élastique) ou tourner en rond (les rondes). Tout ceci semble très daté : c'est

---

[13] C. Brugeilles et *alii* (2002, p.287) relèvent également que « l'image des grands-parents, faisant peu de distinction entre les sexes, reste pauvre, de l'ordre de l'image d'Épinal » dans les albums pour la jeunesse.

ce qu'on trouve dans les albums *Quand maman avait mon âge* de Gilles Bonotaux et Hélène Laserre (Autrement jeunesse, 1999), suivi de l'album dédié au père, au grand-père et à la grand-mère, qui proposent des images ultra-conventionnelles des enfances des générations antérieures. Ajoutons que la série des *Martine*[14] est encore présente et a fait des émules... Mais les choses changent.

Contre-stéréotypes

On trouve de plus en plus d'albums qui se proposent de lutter contre les stéréotypes, avec plus ou moins de bonheur.

La caricature

Certains insistent sur les stéréotypes, sans doute pour mieux les désactiver : deux albums en miroir, *Moi, j'aime pas les filles* et *Moi, j'aime pas les garçons* (2001), proposent une liste d'idées reçues sur les caractéristiques des unes et des autres pour finir par une déclaration d'amour... qui ne change rien somme toute. Ces albums sont le lieu d'une affirmation de la différence radicale des uns et des autres et d'une répulsion des uns pour les autres, active tant que le cœur ne s'en mêle pas, tout un programme. On peut lire pour les filles : « d'abord, les filles ont toujours l'air déguisées : elles portent des vêtements bizarres et sont couvertes, des pieds à la tête, de bagues, de rubans et de maquillage. Et puis les filles sont de vraies fontaines, elles pleurnichent pour un rien, du matin au soir ». La nature caricaturale de ces propos n'échappe sans doute pas (on l'espère !) au lecteur adulte, mais on peut douter que les enfants aient une telle possibilité de distance, surtout dans la mesure où les illustrations corroborent ce que dit le texte. On le sait, les jeunes lecteurs ont des difficultés avec l'ironie et l'implicite des textes. *Les P'tits Mecs* de Olten (illustré par Anne Sol, Sarbacane, 2006), un peu plus subtil, pose le même problème. On voit deux

---

[14] De Gilbert Delahaye et Marcel Marlier, une soixantaine de titres, publiés chez Casterman à partir de 1954 avec une périodicité à peu près annuelle, l'un des plus grands succès de l'édition pour la jeunesse du XXe siècle.

garçons faire la liste des défauts des filles (« tellement ennuyeuses », etc.) pour finalement se réfugier dans les bras de l'une d'elles dès qu'ils ont peur. Même le très estimé *À quoi tu joues ?* (2009) de Marie Sabine Roger illustré par Anne Sol (Sarbacane, 2009) peut manquer son objectif, tant le dispositif est déséquilibré : dans ce livre de photos à rabats, on voit énoncés des clichés comme « les garçons, ça saute pas à la corde », « les garçons, ça pleure jamais », ou des affirmations datées comme « les filles ça joue pas aux voitures, [...] ça peut pas piloter un avion... », illustrés par des photos représentant des garçons et des filles dans des situations ordinaires, jouant. Le démenti est apporté par une autre photo, sous le rabat, prouvant que le contraire est possible. Le problème est que les personnages qui illustrent ces démentis sont des adultes et parfois des êtres d'exception, dans des situations exceptionnelles : un boxeur à l'entraînement, Yannick Noah pleurant de joie lors d'une compétition, une pilote de formule 1, la cosmonaute Claudie Haigneré, etc. Le message involontaire, qui risque d'être le message perçu est que, effectivement, garçons et filles n'ont pas les mêmes attitudes et ne font pas les mêmes choses, et que c'est également ainsi pour des adultes, sauf pour quelques êtres d'exception mis dans des situations exceptionnelles. Si on se limite au cas de la page consacrée aux larmes (« les garçons, ça pleure jamais »), on peut la comparer à la façon dont un livre de Christian Bruel et Anne Bozellec, *Qui pleure ?* (Le sourire qui mord, 1977) réhabilite les larmes : un petit garçon pleure et découvre que la vieille dame assise en face de lui dans le métro pleure aussi. Il entre dans sa pensée des larmes : tout le monde pleure, même les adultes, même les pères (bien que « Les papas ! Il y en a beaucoup qui ne savent plus pleurer. On ne voit pas souvent leurs larmes, sauf dans les grandes occasions ! »). Ici, pas de caricature, mais une explication de la différence de comportements entre hommes et femmes : elle est due à une construction sociale et non à une différence intrinsèque – contrairement à ce que pourrait laisser supposer une mauvaise lecture de *À quoi tu joues ?*

La fable

Mieux vaut raconter des histoires où les contre-stéréotypes sont à l'œuvre au même niveau que les stéréotypes, ce qui permet de les faire « jouer » les uns contre les autres, le lecteur restant libre de ses conclusions. Le ressort de la fable (au sens de « fiction narrative ») est sans doute mieux adapté à un jeune public que l'ouvrage engagé ou le documentaire. *Les Fantaisies de César* de Kevin Henkes et Isabel Finkenstaedt (L'école des loisirs, 1989), petit roman illustré, montre deux garçons qui refusent de jouer avec une fille parce qu'elle est trop différente. Grâce à son courage et à sa ruse, elle les sauve de méchants « grands », ils deviennent amis et du coup se découvrent semblables. Dans *T'es fleur ou t'es chou ?* de Gwendoline Raisson et Clotilde Perrin (Rue du monde, 2008) on voit deux enfants, un garçon et une fille. Chacun est l'incarnation des stéréotypes de genre. Ils n'ont aucun goût en commun et ne peuvent pas jouer ensemble. Les pages consacrées à la fille sont roses, celles du garçon sont bleues. Un troisième personnage apparaît dans des pages sur fond violet, un garçon né dans un… chou-fleur, qui aime des choses variées. La fin est heureuse : ils jouent tous ensemble et inventent des jeux qui combinent ceux des deux genres. Il n'y a pas de leçon ni de condamnation mais la morale est à hauteur d'enfance : les préjugés empêchent le jeu alors que l'acceptation des différences et la possibilité d'un libre choix pour chacun est la condition d'un plaisir partagé.

Les héroïnes féminines atypiques sont fréquentes depuis la révolution introduite par *Rose Bonbonne* (Des femmes, 1975) d'Adela Turin, ou la Julie de Christian Bruel, toutes des « garçons manqués » ou « filles ratées ». On retrouve la même thématique dans *Marre du rose* de Nathalie Hense et Ilya Green (Albin Michel Jeunesse, 2009), par exemple. Il est plus rare que l'on montre un garçon franchement efféminé[15] comme le Mehdi de David Dumortier (*Mehdi met du rouge à lèvres*, Cheyne, 2006), mais déjà l'ami de Julie (*Histoire de Julie qui avait une*

---

[15] En cela, les réticences de la littérature de jeunesse seraient le reflet de l'inégalité des situations. Voir l'étude de Sylvie Octobre (Octobre, 2010, p.70).

ombre de garçon) revendiquait le droit à la différence et aux larmes. Il reste à nuancer ces constats.

On a vu que les différences de caractère des personnages enfantins féminins ou masculins s'estompaient dans la littérature de jeunesse contemporaine tandis que les personnages adultes restaient fortement stéréotypés – en dehors de quelques albums que Nelly Chabrol Gagne (2011) a étudiés. Cela est vrai des albums et de certains journaux pour enfants conscients de la question, mais une grande part du secteur éditorial reste dominée par les stéréotypes. Nous avons cité ici essentiellement des albums publiés par des éditeurs qui cherchent des textes de qualité ou des textes militants sans être simplistes, ou des éditeurs qui sont tout simplement soucieux d'éducation : Le sourire qui mord (devenu les éditions Être), Des femmes, L'école des loisirs, Kaléidoscope, Circonflexe, Albin Michel, Seuil, Nathan, Autrement, Rue du monde, Sarbacane, Panama, Cheyne. On aurait pu ajouter de nombreux ouvrages publiés par François Ruy-Vidal (Harlin Quist, Delarge, Éditions de l'amitié puis Des Lire). Les éditeurs de grande diffusion, ceux que l'on trouve dans les supermarchés et les kiosques de gare, ont une autre politique et ont plutôt tendance à conforter les stéréotypes qu'à les contrer.

Le neutre, avenir de l'humain ?

Les albums modernes que l'on a évoqués plus haut jouaient avec les stéréotypes pour proposer une autre voie, celle d'un personnage neutre qui unirait les deux bords. Le problème est que ce neutre est la plupart du temps un autre modèle masculin. Une étude de Sylvie Cromer (Cromer, 2010) autour de cette question pose ce problème : le masculin apparaît comme la catégorie universelle, le féminin étant traité comme une particularité. Elle donne comme exemple le fait qu'on ajoute quelque chose à un personnage pour le marquer du côté du féminin. Un nœud dans les cheveux d'un bébé ou d'un ours le désignera à coup sûr du côté des filles alors que l'absence de tout signe le désigne garçon ; une poitrine et de longs cils marqueront les femmes alors que les moustaches et autres signes de virilité sont quasi absents pour désigner le masculin. L'uniformisation serait-elle la voie unique pour instaurer l'égalité ? Deux albums proposent une autre façon d'y accéder. Dans *Parci et Parla* (L'école des loisirs, 1994) de Claude Ponti, les deux enfants se ressemblent point par point physiquement ; ils ont un corps mi-humain mi-animal et sont asexués ; ils sont présentés nus, vêtus uniquement de leur fourrure et ils se différencient uniquement par leur coiffure et par deux accessoires : un nœud rouge dans les cheveux de la fille et un nœud papillon bleu autour du cou du garçon. Le caractère improbable de ce dernier accessoire met en valeur l'artifice : ces deux objets ne servent qu'à désigner les personnages et ne revendiquent pas un statut de reflet d'une réalité. Les deux enfants ont les mêmes attitudes, les mêmes réactions. Ainsi, le « neutre » apparaît non comme l'extension du masculin, mais comme une ouverture à tous les possibles, portée également par le personnage féminin. Une autre voie est celle de l'équilibre des stéréotypes de genre dans un même personnage. *La Princesse coquette*[16] de Christine Naumann-Villemin (Kaléidoscope, 2002) est très fille, elle aime le rose, veut se déguiser en princesse... et proteste quand sa mère l'habille pour le froid en costume peu féminin, manteau volumineux et grosse écharpe de laine. Mais dans ses activités, à l'extérieur, elle joue avec ces vêtements, imite Tarzan en se pendant à son écharpe, fait de la luge sur son manteau. Bref, elle a toute l'allure du garçon « manqué ». Le sens de cet album est clair : on peut être une « vraie » fille et avoir parfois des comportements et des goûts de garçon.

L'intérêt porté à la question du genre a renouvelé la littérature de jeunesse. Cet intérêt existait depuis longtemps, sans être directement formulé : Claude, le « garçon manqué » du *Club des cinq* posait déjà la question des conditions nécessaires pour qu'un personnage féminin accède au statut de personnage principal. Cependant, une part importante de la production pour la jeunesse reste marquée par les stéréotypes. À cela, deux raisons au moins : la nostalgie des parents pour leur propre jeunesse et le désir de donner à lire et à voir à leurs enfants ce qu'ils ont

---

[16] Je remercie Christine Morin-Messabel qui m'a fait découvrir cet album.

eux-mêmes reçu, enfin la permanence des représentations anciennes sur ce qui est perçu comme une « normalité » rassurante. Mais les tentatives pour faire avancer l'égalité sont confrontées à deux écueils. Certains optent pour l'affichage de caricatures en maniant une distance ironique difficile à comprendre pour de jeunes lecteurs, d'autres usent de contre-stéréotypes caricaturaux qui peuvent créer un mouvement de rejet ou d'incrédulité. D'autres optent pour le neutre, mais ce choix qui rabat tout sur les caractéristiques du masculin n'est pas le seul possible et offre le risque de stigmatiser un peu plus les goûts et conduites jugées jusqu'ici « féminines » (on aime le rose ? on met du rouge à lèvres ? on pleure facilement ?... – et alors ?). La voie la plus intéressante serait celle qui se placerait sous l'angle du jeu, donc de la liberté. On peut alors jouer avec les couleurs et avec les activités, être Mehdi ou Julie, Parci ou Parla. Le jeu de la fiction permet d'éviter les discours de prescription et d'exclusion – et surtout les anathèmes lancés contre telle ou telle communauté en particulier, qu'elle soit religieuse, culturelle ou sociale. Aider les enfants à grandir, c'est leur montrer tous les possibles humains qu'ils vont rencontrer dans la vie, qu'ils veuillent les expérimenter ou non, leur montrer que l'on peut penser ces possibles et jouer – donc vivre – avec les autres, tous les autres.

Bibliographie

Brugeilles, C., Cromer, I. & Cromer, S. (2002). Les représentations du masculin et du féminin dans les albums illustrés ou comment la littérature enfantine contribue à élaborer le genre. *Populations, 57 (2)*, 261-292.

Chabrol Gagne, N. (2011). *Filles d'albums. Les représentations du féminin dans l'album*. Le Puy-en-Velay : L'atelier du poisson soluble.

Cromer, S. (2010). Le masculin n'est pas un sexe : prémices du sujet neutre dans la presse et le théâtre pour enfants. *Cahiers du genre, 49*, 97-114.

Cani, I. (2007). *Harry Potter ou l'anti-Peter Pan : Pour en finir avec la magie de l'enfance*. Paris : Fayard.

Carroll, L. (1979). *Tout Alice, les aventures d'Alice sous terre*, trad. H. Parisot, Pais : Garnier Flammarion. (Œuvre originale publiée en 1886, manuscrit de 1864).

Dafflon-Novelle, A. (2002). La littérature enfantine francophone publiée en 1997. Inventaire des héros et héroïnes proposés aux enfants, *Revue Suisse des Sciences de l'Éducation, 24(2)*, 309-326.

Dafflon-Novelle, A. (2002). Les représentations multidimensionnelles du masculin et du féminin véhiculées par la presse enfantine francophone, *Swiss Journal of Psychology, 61(2)*, 85-103.

Ferrez, E. & Dafflon Novelle, A. (2003). Sexisme dans la littérature enfantine. Analyse des albums avec animaux anthropomorphiques. *Cahiers Internationaux de Psychologie Sociale, 57*, 23-38.

Héritier, F. (1996). *Masculin Féminin. La Pensée de la différence*. Paris : Odile Jacob.

Jouve, V. (1992). *L'Effet personnage dans le roman*. Paris : PUF.

Jouve, V. (1993). *La Lecture*. Paris : Hachette.

Mattès, F. & Mercier-Faivre, A.-M. (2012). Comment être fille ou garçon ? Les albums pour la jeunesse répondent. Dans J.-Y. Tamet (dir.), *Différentiation sexuelle et identités. Clinique, art, littérature* (pp.135-145). Paris : In Press.

Mercier-Faivre, A.-M. (2011). Cœur de salade et oreilles d'âne : métamorphoses en littérature de jeunesse (Lewis Carroll, Carlo Collodi, Claude Ponti), *Petit Journal de PRALIJE*.

En ligne, http://iufm.univ-lyon1.fr/recherche-et-publications/ le-petit-journal-de-pralije-598305.kjsp?STNAV=_&RUBNAV= &RH=1244557859265 (consulté le 17 février 2013).

Picard, M. (1986). *La Lecture comme jeu. Essai sur la littérature*. Paris : Minuit.

Octobre, S. (2010). La socialisation culturelle sexuée des enfants au sein de la famille, *Cahiers du genre, 49*, 55-76.

Perrin, D. & Mercier, A.-M. (dir.) (2013). *Christian Bruel auteur et éditeur, une politique de l'album. Du Sourire qui mord à Être éditions (1976-2011)*. Ouvrage à paraître, Lyon : PUL.

Perrot, J. (1999). *Jeux et enjeux du livre d'enfance et de jeunesse*. Paris : Éditions du Cercle de la librairie.

Turin, A. (2004). Promouvoir la mixité culturelle dans l'éducation des enfants, *Diversité ville école intégration, 138*, 39-46.

Gianini Belotti, E. (1974). *Du côté des petites filles*. Paris : Éditions des femmes.

Olivier, C. (1980). *Les Enfants de Jocaste. L'empreinte de la mère*. Paris : Denoël.

Chapitre 3
Étude des stéréotypes de genre dans les manuels scolaires

Fanny Lignon
*Maîtresse de conférences
en études cinématographiques et audiovisuelles
Université Claude Bernard Lyon 1
IUFM de l'Académie de Lyon
Laboratoire ARIAS (CNRS/Paris III/ ENS)*

Vincent Porhel
*Maître de conférences en Histoire
Université Claude Bernard Lyon 1
IUFM de l'Académie de Lyon
Laboratoire LARHRA*

Herilalaina Rakoto-Raharimanana
*Maître de conférences en Sociologie
Université Claude Bernard Lyon 1
IUFM de l'Académie de Lyon Laboratoire ECP*

Introduction

« On peut dire qu'il y a sexisme quand les textes et les illustrations des manuels scolaires décrivent hommes et femmes dans des fonctions stéréotypées qui ne reflètent pas la diversité des rôles. Le fait de nier la réalité sociale et historique dans sa complexité et sa diversité aboutit à une représentation caricaturale et unilatérale des images et des rôles masculins et féminins. […] Il y a également sexisme lorsque les manuels scolaires se bornent à exposer une situation existante sans la critiquer ou sans présenter d'alternative. On peut considérer que cela équivaut à accepter (dans les faits) implicitement les inégalités et les discriminations qui existent » (Lelièvre, 2001, p.198).

Les élèves sont des personnes sexuées en ce sens qu'ils/elles construisent leur identité par l'observation des rôles qu'ils sont censés tenir en fonction de l'assignation sociétale, une assignation portée entre autres par l'école. Or, si on a coutume de dire que « tout est joué » au niveau du collège en termes d'assignation sexuée, ne perdons pas de vue que les débuts de l'adolescence sont également marqués par de nombreux questionnements sur le contenu de la féminité comme de la masculinité, donc sur l'identité de genre. « Les croyances relatives à la masculinité ou à la féminité sont en étroite interaction avec le comportement de genre » (Goffman, 2002, p.50). Ces questionnements et les réponses qui leur sont apportées organisent, consciemment ou inconsciemment, les conduites sociales à venir et, notamment au collège, participent à la construction des postures d'orientation, une problématique au cœur des conventions ministérielles de 2000, 2006 et 2013[17]. L'enjeu plus général est bien de débarrasser les parcours d'orientation des filles comme des garçons des stéréotypes liés au sexe qui peuvent induire des choix non désirés d'orientation, car sexuellement perçus comme déviants. Voilà donc ce qui se joue dans la déconstruction des stéréotypes[18] émanant du milieu scolaire.

Dans cette perspective, l'attention portée aux manuels se justifie par la place que tiennent ces derniers, non seulement dans les apprentissages, mais également dans les modèles d'identification proposés aux élèves et à leurs parents (Bruillard, 2005). Les manuels scolaires, à leur corps défendant, sont également révélateurs des mutations sociales, une dimension que beaucoup d'éditeurs peinent à prendre en compte[19]. Il est vrai que le che-

---

[17] *Convention pour la promotion de l'égalité des chances entre les filles et les garçons, les femmes et les hommes dans le système éducatif* du 25 février 2000 et *Convention pour l'égalité entre les filles et les garçons, les femmes et les hommes, dans le système éducatif* du 29 juin 2006, *Convention interministérielle pour l'égalité entre les filles et les garçons, les femmes et les hommes dans le système éducatif* (2013-2018).
[18] « Idée, opinion toute faite, acceptée sans réflexion et répétée sans avoir été soumise à un examen critique, par une personne ou un groupe, et qui détermine, à un degré plus ou moins élevé, ses manières de penser, de sentir et d'agir. », *Centre national de ressources textuels et Lexicales* (CNRTL).
[19] « Le manuel scolaire est un objet complexe : au-delà des programmes scolaires dont ils traduisent les intentions pédagogiques, les manuels reflè-

minement est complexe et variable en fonction des disciplines et de leurs impensés. Les mathématiques, science dite exacte, ne sauraient être soupçonnées de maltraiter les filles. L'histoire, par sa fonction même de retranscription d'un passé dominé par les hommes ne pourrait que restituer la vérité du moment au risque de l'anachronisme. Le français n'userait que très ponctuellement des images puisque l'essentiel de l'apport est la source écrite. Les stéréotypes clairement énoncés dans les manuels sont de plus en plus rares. L'essentiel d'entre eux se relie en fait au « curriculum caché », d'autant plus prégnant dans les représentations des élèves qu'il est tu tant par les éditeurs que par les enseignant.e.s. Le soi-disant conservatisme de ces derniers est souvent présenté comme l'une des explications possibles de la timidité des manuels. L'objet de cette recherche est donc bien de participer à la mise en évidence de cet impensé des manuels et des programmes dans ce qu'ils ont d'assignateur, en termes de prescription de genre, non seulement en pointant les postures ponctuellement trop genrées, mais également en travaillant sur la succession de représentations en apparence anodines qui parcourent les manuels et induisent un discours redondant auprès des élèves filles et garçons.

De nombreuses études ont été menées et de nombreux rapports ont été publiés depuis la fin des années 1970, période au cours de laquelle l'affirmation des mouvements féministes a entraîné les premières corrections des stéréotypes dans les manuels. Cette démarche se poursuit encore aujourd'hui (Rignault et Richert, 1997 ; Wieviorka, 2004 ; Tisserant et Wagner, 2007 ; Lucas, 2009 ; Guillaume, 1999). La réception, parfois très virulente, de certaines d'entre elles souligne bien la persistance d'une gêne de la part de nombre de professionnels de l'éducation à l'égard de recherches qui sont autant de remises en cause d'une égalité mythique qui règnerait entre filles et gar-

---

tent les valeurs partagées par la société et, à ce titre, évoluent en même temps qu'elle. Cependant ils ont aussi une vocation pédagogique et devancent de ce fait souvent la société elle-même. » Extrait du communiqué de presse du Syndicat national de l'Édition du 6 novembre 2008 en réaction à la publication du rapport de la HALDE.

çons au sein de l'institution scolaire[20]. L'ensemble de ces travaux, souvent brillants, se caractérise cependant par certains traits qui expliquent le positionnement de notre recherche. La plupart d'entre eux sont axés sur le niveau élémentaire, ce qui s'explique aisément dans la mesure où cette tranche d'âge voit s'élaborer les rôles sexués. Mais ils laissent du même coup dans l'ombre les autres tranches d'âge que caractérise la montée de l'adolescence. D'autres ne prennent que peu en compte la dimension de genre, se centrant de façon privilégiée sur les filles sans tenir compte des garçons. Là encore, cette démarche a correspondu à une étape nécessaire dans la mise en évidence des stéréotypes de sexe, mais l'actualité de la recherche, comme le quotidien des élèves, exigent désormais de reformuler le questionnement sur ces stéréotypes pour prendre en compte les deux sexes au sein d'une problématique de genre. Car si les injonctions sexistes rabaissent les filles, elles desservent également les garçons tenus de se conformer à un modèle sexué de conduite fondé sur l'agressivité qui, au final, les pénalise dans leur parcours scolaire. De tels modèles de conduites sont en effet aux antipodes des compétences aujourd'hui réclamées par le corps social.

Dans ce cadre, la recherche ici développée se fonde sur l'étude d'un corpus de manuels de classe de troisième, choisis parmi les plus récents (2007-2008) et portant sur trois disciplines : histoire-géographie, mathématiques, français. L'étude a principalement porté sur les images en tenant compte des nombreuses interrelations avec les discours portés sur elles (textes, légendes, titres, questions). Ces analyses ouvrent la voie à une synthèse et à la mise en évidence de conclusions générales qui permettent de proposer des pistes de remédiation à l'intention des enseignant.e.s.

---

[20] Le travail critique mené par les universitaires auteurs du rapport de la Halde 2007 est ainsi renvoyé à « quelques citations anecdotiques donnant souvent lieu à une généralisation caricaturale ». En ligne : http://www.nathan.fr/en/actualites.asp?id_info=129. (Consulté le 24 novembre 2011)

Méthodologie de la recherche

L'approche quantitative des données est commune à l'ensemble des recherches sur les manuels scolaires. Notre travail adopte également cette méthode. Nous avons conçu une grille d'analyse permettant l'exploitation et l'organisation des données en différents champs, cette démarche étant approfondie au sein d'une approche qualitative. Ainsi, l'effet de réel consubstantiel à l'usage des données chiffrées est relativisé par sa confrontation au contexte d'élaboration de l'enquête. D'où le recours à une analyse plus ciblée des images étudiées permettant une meilleure explicitation des positionnements méthodologiques et scientifiques sur la base d'études de cas considérés comme représentatifs des disciplines abordées.

Cette recherche s'articule donc avant tout sur un travail collectif visant à analyser un corpus de plusieurs milliers d'illustrations dans trois disciplines choisies pour leur approche différenciée des stéréotypes de genre :

- les mathématiques, discipline réputée plus ouverte aux qualités « naturelles » du sexe masculin ;
- le français et la littérature, souvent renvoyés à une sensibilité toute aussi « naturelle » des femmes ;
- l'histoire-géographie, considérée comme plus mixte dans son positionnement stéréotypé.

Aussi, un modèle unique de tableau de collecte des données a été mis en place :

N° Page	Variables sommatives			Qualitatif	
	Sexe	Domaines	Stéréotypes	Image/représentation visuelle/légende	Commentaire des images avec prise en compte éventuelle des textes associés
	F H I	A B C D	1 2 3		

La démarche choisie vise à croiser, pour chaque illustration abordée, les sexes représentés sur l'image, les sphères au sein desquelles ils figurent, et la présence ou non de stéréotypes. De cette manière, chacune des images voit ses informations sur le genre codées afin de permettre une synthèse transdisciplinaire. En termes de reconnaissance sexuée, les items choisis renvoient au sexe tel qu'il s'affiche. La présence du sexe masculin et féminin autorise à cocher les deux cases. La case « indéterminé » permet de se positionner sur des images transgenres – extrêmement rares, il faut bien l'admettre, tant l'assignation du sexe est une constante des représentations issues des manuels – mais plus prosaïquement sur des images de foules ou floutées (exemple de documents d'archives figurant dans les manuels d'histoire). Ce premier classement est alors enrichi par son intégration au sein de sphères d'activité. Celles-ci concernent le champ du domestique, du politique, du religieux (et du symbolique) et du professionnel. Le champ du domestique renvoie à la sphère du logement – l'espace privé – et apparaît de prime abord comme le domaine privilégié des femmes. Les loisirs participent également de cette sphère. Le politique renvoie lui clairement aux enjeux de pouvoirs et de hiérarchie sociale. Il permet de dessiner les contours d'une sphère publique. La guerre entre dans cette sphère. Le religieux et le symbolique, parce qu'ils sous-entendent un autre rapport au réel, sont mis à part. Le champ professionnel, à la frontière du domaine public et du domaine privé, permet de mesurer les représentations des hommes et des femmes au travail. Les scènes de classe sont placées dans cette catégorie.

Enfin, au cœur de notre travail se situe l'appréciation de la dimension stéréotypée des images analysées. Stéréotypes et contre-stéréotypes sont des catégories qui n'ont rien de normatif et demandent donc à être contextualisées dans le cadre de l'étude. Ainsi, la dimension stéréotypée d'une image – au sens où elle avalise les représentations des rôles de sexe en cantonnant le sexe féminin à l'infériorité et le sexe masculin à la supériorité – peut être lue à plusieurs degrés en fonction de la sensibilisation du lecteur aux problématiques de genre. Une image anodine (Pierre face à son ordinateur) peut devenir stéréotypée quand elle se répète (Pierre, Paul, Jacques face à leurs ordinateurs). L'étude menée, si elle permet d'observer et d'analyser les représentations à l'œuvre dans la production des données, n'a pas la prétention de saisir les processus d'identification de genre à l'œuvre. Ce dernier objectif supposerait et nécessiterait une investigation particulière qui inclurait une enquête de réception. Cependant, le travail mené depuis onze ans par l'IUFM de Lyon auprès des stagiaires en situation, travail qui a permis la rédaction de nombreux mémoires professionnels axés sur le genre, permet d'appréhender, dans une certaine mesure, le degré de perméabilité des élèves aux stéréotypes[21].

L'absence de stéréotype au sein d'une image peut également être interprétée de diverses manières. L'image neutre est une image qui ne montre aucune hiérarchie ou qui ne met en scène aucun stéréotype attendu (une petite fille en rose, un petit garçon en bleu). Elle peut également émaner d'une volonté de l'auteur de surmonter les stéréotypes de genre (filles et garçons lisant côte à côte). Cette démarche volontariste se réalise davantage encore au sein du contre-stéréotype qui inverse les représentations (une femme scientifique, un homme repassant), figure de style qui peut être dangereuse à manier dans la mesure où, allant contre le stéréotype, il en crée fatalement un autre. Sans doute serait-il d'ailleurs plus juste de parler de stéréotype inversé. Son rôle est alors de déplacer le regard et de forcer la compréhension, ce qui est rare dans les manuels.

---

[21] Quel que soit le sujet traité, la grande majorité des mémoires s'ouvre sur une séance confrontant les élèves aux stéréotypes de sexe produits par le système de genre.

	A – sphère domestique						B – sphère politique						C – sphère symbolique						D - sphère professionnelle					
	Hist.			*Géo.*			*Hist.*			*Géo.*			*Hist.*			*Géo.*			*Hist.*			*Géo.*		
H	s	ns	cs	s	ns	cs	s	ns	cs	s	ns	cs	s	ns	cs	s	ns	cs	s	ns	cs	s	ns	cs
%																								
	Hist.			*Géo.*			*Hist.*			*Géo.*			*Hist.*			*Géo.*			*Hist.*			*Géo.*		
F	s	ns	cs	s	ns	cs	s	ns	cs	s	ns	cs	s	ns	cs	s	ns	cs	s	ns	cs	s	ns	cs
%																								
	Hist.			*Géo.*			*Hist.*			*Géo.*			*Hist.*			*Géo.*			*Hist.*			*Géo.*		
H/F	s	ns	cs	s	ns	cs	s	ns	cs	s	ns	cs	s	ns	cs	s	ns	cs	s	ns	cs	s	ns	cs
%																								
Stéréot.																								
Hist																								
Géo																								
NS																								
CS																								

Tableau de synthèse des données collectées

Au final, l'ensemble de ces données est récapitulé au sein d'un tableau d'un abord complexe mais très facile à utiliser.

L'autre versant de l'étude consiste dans l'analyse qualitative des données. Pour chaque image, il s'agit d'expliciter les motifs de son classement stéréotypé et le poids de celui-ci. Cela permet surtout de lier l'image aux discours qui se portent sur elle. Le titre, la légende, le renvoi au texte, la ou les questions se posant sur l'image orientent l'appréciation du stéréotype. Ainsi, deux exemples, tirés d'un manuel de français et de deux manuels d'histoire et mettant en scène la femme Moulinex.

Dans le manuel de français, une affiche publicitaire pour un frigidaire datant de 1954 s'intègre dans la séquence « L'argumentation : exprimer une opinion »[22]. Ici le stéréotype se constitue en mobilisant différents niveaux de lecture entre l'image et

---

[22] Il reste que l'opinion (« Argumentation » dans la phase d'apprentissage indiquée dans le manuel scolaire) des adolescents dans le cadre d'un exercice d'argumentation ne porte pas uniquement sur l'aspect grammatical et argumentatif. Le cas du *frigo* interroge d'emblée une relation particulière : la familiarité avec un objet devenu courant (que la publicité n'interroge plus en tant que présentation d'une nouveauté) avec la constance d'un stéréotype véhiculé à la fois par l'image et le discours. La dite relation s'insère dans une trame d'apprentissage par le biais de l'argumentation.

la légende. L'affiche, très colorée, montre une pièce que l'on identifie comme la cuisine. Au premier plan, une femme portant un tablier, en train de s'exclamer devant le *frigo* ouvert et garni de victuailles. À l'arrière-plan, un homme en bleu de travail qui regarde la scène d'un air satisfait. On notera que la ménagère ne regarde ni le *frigo*, ni son mari, mais le spectateur de l'affiche. La légende qui accompagne l'image indique : « Un vrai Frigidaire ». Cette publicité vise des ménages appartenant à la « classe moyenne » de l'époque, ce que suggèrent les tenues vestimentaires de l'homme et de la femme. On notera l'ambiguïté du terme « vrai » qui figure dans la légende. Il ne qualifie pas tant le frigidaire lui-même que la fonction qu'il est amené à remplir dans une famille. Une autre ambiguïté est liée à l'expression de la femme : son visage rayonnant et ses mains jointes sont-ils à interpréter comme le résultat du travail accompli ou bien comme la satisfaction que représente la possession de cet appareil électroménager ? L'image semble suggérer l'existence d'un stéréotype de genre que renforce la dichotomie entre espace public – occupé par l'homme – et espace privé/domestique dans lequel se tient la femme. Cette dichotomie renvoie plus largement à une séparation des tâches : l'homme s'active en dehors du foyer et ramène un salaire. La femme s'occupe de la maison et de l'entretien des corps. L'objet présenté ordonne ainsi les attributions sexuées au sein de la maison en assignant aux membres de la famille une place et des rôles bien définis.

Dans le manuel d'histoire, la femme Moulinex est charmée de voir son mari lui offrant, non sans arrière-pensées, un robot ménager. Deux questions sont posées dans deux manuels. Dans le premier : « quels sont les produits vantés par cette publicité ? ». Dans le second : « quelle image des relations hommes femmes cette publicité montre-t-elle ? ». Dans le premier manuel, on semble attendre de l'élève de troisième qu'il ou elle mesure de lui-même/elle-même les mutations induites dans les relations entre les hommes et les femmes des années 1950 à nos jours au risque de les entériner. Dans le second manuel, la mutation de ces relations – qui effectivement interpelle immédiatement un.e adolescent.e de 2011, bien plus que la « nouveauté » du robot ménager dans les années 1950 – est au cœur de la compréhension de l'image. Stéréotype d'un côté, absence de stéréotype de l'autre par le biais d'un questionnement assumé.

Une surreprésentation des hommes

Toutes matières confondues, ce sont plus de 2200 images qui ont été analysées dans les programmes des classes de Troisième du collège pour les années 2007 et 2008. Un corpus de cette ampleur autorise le recours à l'outil statistique permettant de dégager des lignes de force.

Sur l'ensemble des disciplines étudiées, des constats transversaux s'imposent. D'une part, une représentation masculine et notamment des hommes seuls (55 %) induisant un effacement, à des degrés divers, des femmes et particulièrement des femmes isolées (20 %), les représentations mixtes s'établissant à mi-chemin (23 %). Il s'agit là d'un constat déjà ancien que l'étude présente ne peut que prolonger et qui semble s'inscrire durablement dans l'élaboration des manuels scolaires français. Ainsi, à la seule vue du contenu de ses manuels, une jeune fille intègre le fait qu'elle est moins visible que les garçons, et donc moins importante. Les garçons disposent eux d'un ensemble dense et complexe de modèles d'identification sans pour autant que le mode d'emploi leur en soit signalé. Pour les unes comme pour les autres cette asymétrie des représentations sexuées en troisième prolonge un cheminement commencé dès le primaire. Il en résulte bien souvent l'absence de remarques et de questionnements des uns et des autres, ce qui ne vaut pas assentiment pour autant, comme le révèlent les différents mémoires professionnels soutenus à Lyon. Cette surreprésentation masculine est d'autant plus remarquable qu'elle s'applique au sein de toutes les sphères évoquées, y compris au sein de la sphère domestique qu'on aurait pourtant pu imaginer plus féminisée. Nous avons bien là un axe fort des représentations des manuels.

D'autre part, les sphères les plus majoritairement masculines demeurent les sphères du politique (70 % des représentations) et du professionnel (60 %). Le référent sexué des manuels reste un homme détenteur du pouvoir et du travail, renvoyant ainsi au modèle familial des Trente Glorieuses de l'homme seul dispensateur de ressources. Reste que la prégnance de chacune des sphères varie d'une discipline à l'autre : les sphères domestiques et professionnelles sont majoritaires en mathématiques, les sphères domestique et politique le sont en français, alors que la sphère du politique est très largement majoritaire en histoire-géographie. Cette inégale répartition est liée autant aux programmes traités qu'à leur contexte d'élaboration : l'histoire-géographie reste marquée par l'histoire lavissienne et par une tradition politique de l'histoire du temps présent qui tend à une histoire par le haut des grands équilibres économiques et politiques, laissant de côté le culturel et surtout le social. Les images sont des documents sacralisés par le passé, et qui semblent s'imposer aux rédacteurs des manuels. Les auteurs des manuels de mathématiques cherchent quant à eux à montrer les aspects « concrets et utiles » de la discipline, d'où la surreprésentation des sphères domestiques et professionnelles. Les images sont des supports pédagogiques chargés de dédramatiser la difficulté supposée de la discipline et de remettre en question les préjugés sur une discipline souvent considérée comme hors du réel. Il n'en reste pas moins que, fortes de leur réputation de science exacte, les mathématiques peinent à reconnaître qu'elles traitent différemment les unes et les autres. En français, l'image peut parfois sembler illustrative alors même qu'elle renvoie à une reconstitution de sens. Elle renforce le discours en attirant l'attention de l'élève sur une dimension particulière de l'œuvre étudiée. Ce faisant, elle peut alors être agent de stéréotypes. Tout comme l'histoire-géographie, la dynamique entre le texte et l'image construit ou déconstruit le préjugé.

Dans ce contexte, la prégnance du stéréotype de sexe est très variable d'une discipline à l'autre. Si un tiers des représentations est considéré comme relevant d'un stéréotype de sexe en français et mathématiques, ce pourcentage atteint les deux-tiers en histoire-géographie. Pour cette dernière discipline, la forte prégnance du stéréotype renvoie à la domination de la sphère politique au sein du programme : hommes politiques et soldats dominent les représentations drainant avec eux l'image de l'homme blanc, belliqueux et contrôlant sa destinée. Reste que cette explication est incomplète dans la mesure où le stéréotype s'exprime largement dans l'espace du travail (l'homme est destiné à produire, la femme à reproduire), et il est frappant de noter la rareté des images de travail mixtes, avalisant le lieu du travail comme un espace privilégié de la séparation des sexes. De fait, si le stéréotype concerne de façon privilégiée l'homme seul et la femme seule, il faut souligner que celui-ci s'atténue dès lors que l'image met en évidence des situations de mixité. De même, les hommes comme les femmes sont sujets au stéréotype. Pour les deux autres disciplines, le marqueur stéréotypé apparaît moins prégnant en raison de la différence de statut des images. Force est alors de constater que les stéréotypes concernent de façon plus privilégiée les hommes que les femmes. Il faut voir là le fruit des efforts incontestables, mais encore incomplets, en faveur d'un rééquilibrage des représentations des femmes dans les manuels scolaires. Reste que si l'effort porté vers les femmes résulte d'une longue lutte des organisations féministes et des nombreux rapports commandés par les institutions, il n'en va pas de même pour les hommes, encore soumis à l'injonction viriliste que peu d'éditeurs semblent prendre en compte.

À ce stade, le corpus étudié nous permet donc de mettre en évidence la permanence d'une perception faussée de la réalité sociale de la part des manuels scolaires, et surtout une absence de prise en compte des textes ministériels sur les enjeux de la mixité scolaire et la nécessité de diversifier l'orientation des filles. Pour autant, un réel effort a été fait au vu des constatations antérieures, mais il reste encore largement inabouti.

Analyse qualitative : déconstruire le stéréotype

L'image stéréotypée apparaît comme la pierre angulaire d'une critique des manuels scolaires dans la mesure où elle avalise des comportements discriminants sous couvert de la légitimité du manuel. Lire le stéréotype implique donc de prendre en compte un ensemble de données physiques reliées à des données scientifiques. Dans cette démarche, le seuil de l'exagération du stéréotype est un écueil sérieux dès lors qu'une longue habitude du travail sur cette catégorie de représentations peut amener l'observateur à proclamer l'universalité du stéréotype sexué reprenant ainsi, mais en sens inverse, la démarche qu'il cherche précisément à remettre en cause. De là la nécessité de la mesure et du travail collectif de façon à nuancer ce que la déconstruction pourrait avoir de totalitaire et ainsi donner du grain à moudre aux tenants du *statu quo ante*. Si l'analyse sommative permet de tracer les grands axes de notre démarche, l'analyse qualitative permet de la travailler en profondeur en mettant en évidence les stéréotypes perçus et ainsi de les mettre en adéquation avec les représentations usuelles des lecteurs. Ce faisant, elle abandonne la dimension totalisante du quantitatif pour entrer dans le particulier.

Variable en fonction des ouvrages et des disciplines, le stéréotype sexué s'affirme en imposant un discours unique et sans nuance reprenant des déterminismes historiquement construits s'attachant à une fonction ou à une attitude liée au sexe des protagonistes. Souvent présentée sous couvert d'universalisme – à ce titre la figuration d'une femme seule est en soi porteuse d'un message spécifique renvoyant à des catégorisations comme la mère, la victime, la débauchée... – l'image stéréotypée ne cherche absolument pas à remettre en cause les représentations sexuées, mais à les avaliser sans les questionner. En revanche, et c'est un levier important pour les enseignant.e.s usant de ces manuels, une image stéréotypée perd toute sa pertinence confrontée à l'inversion de son stéréotype. La dimension stéréotypée d'une image se révèle par plusieurs biais. La construction de l'image elle-même, le positionnement des personnages, les objets y figurant qui impliquent un usage sexué, les valeurs portées par l'image, les codes sociaux qui s'y incarnent sont autant d'indices de la prégnance du stéréotype. On doit y ajouter les discours qui se rapportent à l'image et qui peuvent participer à ancrer le stéréotype par la banalisation d'une scène. Enfin, la hiérarchisation d'une image, sa répétition jouent également un rôle dans la détermination du stéréotype de sexe au sein des manuels. Une image peut ainsi devenir nettement discriminatoire (et non plus seulement porteuse de préjugés) quand un garçon ou une fille sont clairement exclu.e.s de la situation présentée.

L'histoire apparaît dans cette perspective comme un champ privilégié de cette lecture stéréotypée de la réalité sociale, en grande partie parce que le programme d'histoire de troisième, ancré dans les guerres et les pratiques de domination, est lui-même stéréotypé. De fait, c'est bien dans l'histoire culturelle et sociale des Trente Glorieuses que l'on peut retrouver les plus évidentes mises en cause des stéréotypes. Pourtant, c'est bien dans ce champ que le stéréotype s'avère le plus manifeste, notamment quand il s'ancre dans la sphère domestique propre aux femmes. Ainsi, une photographie représentant un plan d'ensemble d'un camping dans les années 1960. Ce document doit amener l'élève à interpréter les évolutions des modes de vie des Français pendant les Trente Glorieuses. Au premier plan, le coin lessive est essentiellement occupé par les femmes en maillot de bain, à l'arrière-plan les hommes comme les enfants ont disparu (à la plage ? sous la tente ?) Si cette représentation semble en conformité avec un esprit patriarcal régnant à l'époque, la question posée par le manuel : « quelles transformations démographiques et sociales connaissent les pays industrialisés pendant les Trente glorieuses ? », considère que, même en 2013, la situation présentée semble aller de soi, comme si l'assignation ménagère participait d'un déterminisme propre à l'identité naturelle de la femme. C'est souligner que le manuel ne peut faire abstraction du contexte d'élaboration du document, mais également de son présentisme. Quand une question en marge d'une représentation de la femme-Moulinex, enchantée de se voir offrir un gadget domestique, demande à l'élève de décrire l'objet en question pour comprendre les Trente Glorieuses, on ne peut que s'étonner d'une telle absence de recul par rapport aux problématiques actuelles sur la condition féminine. Par ce biais, le manuel entérine un ordre patriarcal immanent présenté comme un horizon indépassable puisqu'il n'est même pas questionné. L'invocation de la réalité historique, qui entérine l'infériorité du statut des femmes au cours du temps, est le principal argument avancé pour stabiliser les représentations des femmes. Mais c'est oublier que l'histoire n'est pas un déterminisme et que l'enseignement, tout comme la recherche historique, s'ancre dans le présent d'où il tire sa fonction sociale.

On retrouve en mathématiques des représentations de ce type où le masculin se confond avec l'universel. Ainsi, cette image – importante parce qu'elle introduit le dernier chapitre d'un ouvrage – et qui montre un homme, seul, dans un grand appartement, regardant le monde à travers une immense baie vitrée. Dans la pièce, des objets scientifiques et artistiques, des livres. Au dehors, le soleil, la lune, des véhicules, des sources d'énergie. L'image illustre l'aventure, le voyage, l'exotisme, la science, la connaissance. Le discours est très positif, la science apparaissant comme l'agent du bonheur de l'homme et du bien-être de la nature, comme le garant de l'harmonie de leurs rapports. Le stéréotype est activé car tout, absolument tout, est ramené à l'élément masculin. La science : une affaire d'homme. Comprendre le monde : une affaire d'homme. Construire, créer, inventer : des affaires d'homme. Pour voir le stéréotype se révéler dans toute sa splendeur, il suffit d'imaginer la même image avec en son centre une femme au lieu d'un homme. Il arrive aussi que le stéréotype s'affirme encore plus nettement. Dans l'un des ouvrages étudiés, au sein du chapitre portant sur les statistiques et probabilités, une page est consacrée aux métiers de l'informatique et ne montre que des hommes. L'absence totale des femmes renforce alors le préjugé sans qu'aucune raison autre que le choix des photos ne puisse l'expliquer.

En français enfin, une photographie donne à voir des « enfants jouant à la guerre dans la rue à Montmartre » (Paris, 1916). Sept garçons scindés en deux groupes (un groupe de quatre face à un groupe de trois) jouent à la guerre. Les « soldats » sont armés et se font face. Une fillette les observe tout en restant à l'écart. La photographie illustre un extrait d'une nouvelle de Dino Buzzati, intitulée *Pauvre petit garçon* et parue en 1967. La photographie semble très réaliste. Notons qu'elle a été prise en 1916, donc durant la Première Guerre mondiale. Les enfants qui jouent à la guerre semblent très investis dans ce jeu de genre masculin auquel seuls jouent les garçons. La présence de la petite fille qui les observe tout en gardant sa distance renforce cette impression de genre du jeu : la fille est là mais ne participe pas au jeu. Une autre interprétation est également possible. La petite fille à l'écart est habillée comme une écolière, mais porte un chapeau ou une casquette. Il est donc plausible qu'elle fasse partie du groupe et qu'elle participe au jeu mais, lorsqu'il s'agit de simuler une bataille avec armes et confrontation directe, elle reste/est mise à l'écart. Les deux interprétations possibles aboutissent néanmoins au même constat : la non-participation effective de la petite fille à tous les aspects du jeu. Là encore, l'impensé du document véhicule des stéréotypes qui ne sont pas explicités par les manuels.

Reste que, pour l'essentiel, les représentations demeurent neutres parce qu'elles échappent à toute interprétation stéréotypée par leur construction même. Ainsi les scènes d'ensemble mêlant les deux sexes exprimant l'équilibre hommes/femmes au sein de la population occidentale par le traitement équitable des sexes. En histoire, on peut mettre en évidence les parties consacrées aux femmes, du droit de vote aux revendications féminines, mais leur balisage sous forme d'encarts au sein du manuel souligne l'incongruité d'une telle approche et participe à enfermer les femmes dans une appréciation communautaire. Plus largement, c'est l'émergence d'héroïnes au sein d'un panthéon dominé par les hommes, telles que Louise de Bettignies, Marcelle Capy, Simone Veil, Sophie Scholl ou Germaine Tillon (Dermenjian, 2004 ; Cassagnes-Brouquet, 2009). La neutralité de l'image peut également ressortir d'un équilibre des sexes. En mathématiques, une illustration montre une scène se passant dans une chambre. Au premier plan, une jeune femme, au lit, un thermomètre dans la bouche. À l'arrière-plan, un petit homme, barbu, portant serviette. En haut de l'image, une courbe de température. En dessous, une légende, qui explique en quoi la situation a quelque chose de mathématique. Tout ici semble *a priori* stéréotypé. Le malade est une femme, le médecin est un homme. La femme est affaiblie, l'homme est en bonne santé. L'homme est celui qui « sauve », la femme celle qui a besoin d'aide. Un ours en peluche, à ses côtés, connote l'enfance, et d'une certaine façon aussi la dépendance. Du point de vue du genre, l'histoire est sans ambiguïté, mais il faut regarder au-delà, car la façon dont elle est mise en image véhicule un discours différent et qui rééquilibre la situation. Par le jeu des couleurs tout d'abord, qui sont les mêmes, pour elle et pour lui, par le rapport de proportion entre les personnages ensuite. Certes, le malade est une femme et le médecin est un homme, mais il est petit, loin dans l'image, tandis que sa patiente occupe tout l'avant-plan. Le résultat est un dessin « neutre », dans lequel on peut apprécier simultanément la déconstruction des inégalités et la construction de l'égalité.

Les stéréotypes inversés sont les occurrences les plus rares car, sauf exception, leur présence induit une volonté de l'auteur de mettre en évidence les stéréotypes. Ils figurent cependant de loin en loin dans les manuels, donnant ainsi une possibilité aux élèves de déconstruire les stéréotypes. La femme scientifique seule devant son éprouvette, et sans la présence d'un homme surveillant son travail. La femme ouvrière de la Première Guerre mondiale posant à la une d'un magazine sans aucune pièce de vêtement rappelant son sexe, en bleu de travail, pilotant, seule, une machine massive et complexe et toisant le lecteur, sûre d'elle et de sa légitimité au sein d'une usine mécanique incarnant par excellence l'univers masculin. L'homme portant un enfant et donnant l'impression d'en avoir conscience, voire d'y prendre du plaisir. Cette image de mathématiques montrant deux exploratrices voguant sur une pirogue au cœur de la jungle hostile accompagnées d'un inquiétant crocodile, et devisant sur un problème qu'elles résolvent en deux réparties, l'univers du masculin étant détourné sous l'angle humoristique. Parfois, et c'est heureux, la démarche est volontaire comme cette image d'un homme mesurant une planche à repasser (problème mathématique) et renvoyant à une photographie en dessous montrant un homme repassant effectivement sa chemise.

Conclusion : déconstruire pour mieux comprendre

On le voit, les stéréotypes ont encore la vie dure dans les manuels scolaires malgré les indéniables progrès effectués. On ne peut plus parler de manuels bons ou mauvais, mais seulement souligner les indécisions des coordinateurs dans le choix des images qui y figurent. Pour les enseignant.e.s qui entendent enseigner une discipline mixte, neutre à l'égard des déterminismes genrés, des possibilités existent au sein des manuels pour rééquilibrer les représentations des élèves. Elles passent par la critique argumentée des représentations les plus stéréotypées en laissant ainsi entendre aux élèves qu'une remise en question est possible, par la déconstruction des images, par l'aménagement des discours, leur permettant d'entrevoir l'équité comme une réponse à l'illusion égalitaire qui caractérise le traitement différencié des sexes dans nos sociétés, et ainsi permettre aux jeunes filles comme aux jeunes garçons d'envisager un avenir délesté du poids des préjugés. Des efforts importants mais nécessaires devraient être envisagés pour obliger l'objet-manuel à refléter davantage les réalités de la société actuelle afin d'agir sur celle-ci.

Bibliographie

Bruillard, E. (Ed.). (2005). *Le manuel scolaire, regards croisés.* Paris : CNDP.

Cassagnes-Brouquet, S. & Dubesset, M. (Eds.). (2009). Héroïnes. *Clio. Histoire, femmes et sociétés, 30 (2).*

Dermenjian, G., Guilhaumou J. & Lapied M. (2004). *Le panthéon des femmes : figures et représentations des héroïnes.* Paris : Publisud.

Goffman, E. (2002). *L'arrangement des sexes.* Paris : La Dispute.

Guillaume, D. (1999). *Le destin des femmes et l'école : manuels d'histoire et société.* Paris : L'Harmattan.

Lelièvre, F. & Lelièvre, C. (2001). *L'histoire des femmes publiques contée aux enfants.* Paris : PUF.

Lucas, N. (2009). *Dire l'histoire des femmes à l'école.* Paris : Armand Colin.

Rignault, S. & Richert, P. (1997). *La représentation des hommes et des femmes dans les livres scolaires.* Paris : La Documentation française.

Tisserant, P. & Wagner, A.-L. (Eds.). (2007). *Place des stéréotypes et des discriminations dans les manuels scolaires* (Rapport réalisé pour la HALDE). En ligne : www.halde.fr/IMG/pdf/Etude_integrale_manuels_scolaires.pdf.

Wievorka, A. (Ed.). (2004). *Quelle place pour les femmes dans l'histoire enseignée ?* (Avis et rapport du conseil économique et social).

Chapitre 4
Analyse vidéoludique et stéréotypes de sexe

Fanny Lignon
*Maîtresse de conférences
en études cinématographiques et audiovisuelles
Université Claude Bernard Lyon1
IUFM de l'Académie de Lyon
Laboratoire ARIAS (CNRS/Paris III/ENS)*

Nés au mitan du siècle dernier, résultant de technologies de pointe, les jeux vidéo sont parés d'une aura de modernité qui ne doit pas occulter le fait qu'ils sont avant tout des jeux et s'inscrivent en cela dans une histoire qui s'est construite parallèlement à celle de l'humanité. Comme tels, on peut les étudier avec profit, au prisme des écrits de Roger Caillois et Johann Huizinga.

De tout temps et en tous lieux, la transmission, par l'apprentissage, des rôles sociaux de sexe a été l'une des fonctions du jeu. Tous les jeux, de fait, peuvent être qualifiés de jeux de filles ou jeux de garçons. Quant aux jeux mixtes, leur appellation donne à penser puisqu'elle oblige à se poser la question quand bien même elle ne se pose pas !

Les jeux vidéo étant des jeux comme les autres, ils remplissent les mêmes fonctions, dont celle que nous venons de souligner. Certes, selon l'âge du joueur ou de la joueuse, il s'agira d'apprentissages premiers ou de renforcements des acquis. Le principe reste cependant le même. Le jeu propose des modèles du masculin et du féminin qui participent à la construction des identités sexuées, des rôles de sexes et des stéréotypes de sexes.

À la question « les jeux vidéo mettent-ils en scène des stéréotypes de sexes ? », difficile, spontanément, de répondre autrement que par l'affirmative pour quiconque a pu admirer les

« tablettes de chocolat » et le « double air bag »[23] dont sont parfois dotés les héros et héroïnes virtuelles. Dans un deuxième temps, cette question se révèle toutefois plus complexe qu'il n'y paraît. Parce que l'excès de masculinité ou de féminité n'est jamais identique, et encore moins systématique. Parce que le physique des personnages n'est pas l'unique véhicule des stéréotypes. Quand bien même on reprendrait l'exemple que nous avons cité, rien n'interdit de penser que cette hypersexualisation cache quelque chose.

Pour pouvoir réfléchir au sujet qui nous intéresse, nous pensons qu'il est essentiel de délimiter au préalable l'espace dans lequel les stéréotypes sont susceptibles de s'ébattre. L'exploration raisonnée de cet espace permettra, dans un deuxième temps, d'en comprendre la structure globale, puis l'organisation locale, toutes choses indispensables avant de passer à l'étude de cas. Car notre but est le suivant : poser des jalons pour rendre possible et pertinent le questionnement sur les stéréotypes de sexe mis en scènes dans des jeux en particulier.

Présentation raisonnée du champ d'investigation

Le champ à étudier nous semble *a priori* pouvoir être découpé en trois zones. La première regrouperait toutes les opérations situées en amont et conduisant à la création d'un jeu, depuis l'invention de l'idée jusqu'à la mise en vente du logiciel. Dans cet espace se trouveraient des éléments relevant de domaines techniques, esthétiques et commerciaux. Précisons, en passant, que ces domaines ne sauraient être envisagés comme des sous-ensembles fermés, mais plutôt comme des pôles d'attraction. Si la jaquette d'un jeu, par exemple, a prioritairement une vocation commerciale, elle n'en revêt pas moins des caractères esthétiques qui vont se déployer grâce à des procédés techniques. Le travail d'un *game designer*, également, se situe à mi-course

---

[23] Nous empruntons cette expression à un commentaire publié par Mistercroft le 26 octobre 2008 sur le forum *Laraider : aides et discussions sur les jeux Tomb Raider*.
http://forum.laraider.com/viewtopic.php?f=13&t=1943&start=30
[Site consulté le 4 juillet 2011].

entre les différents domaines que nous avons identifiés, comme d'ailleurs la plupart des opérations qui président à la création d'un jeu. La deuxième zone serait le jeu lui-même, son contenu audiovisuel, physique, même s'il est virtuel. Elle engloberait les images qui se donnent à voir, les sons qui se donnent à entendre, le spectacle qu'ils constituent. Toute la difficulté étant de tenir compte du fait que la narration, et par voie de conséquence son traitement de mise en scène, n'est jamais ni tout à fait la même ni tout à fait une autre. La troisième zone enfin réunirait tout ce qui se produit en aval de la sortie d'un jeu et qui concerne la pratique de ce jeu. Elle prendrait notamment en considération la réception critique du logiciel, ainsi que les dispositifs sociaux et les mécanismes psychologiques à l'œuvre chez celles et ceux qui l'utilisent.

Ces trois zones étant identifiées, il convient de préciser que, passée la toute première fois où elles sont obligatoirement parcourues dans l'ordre où nous les avons décrites, s'installent entre elles des allers-retours et des interactions permanentes. Un *bug* signalé par des *gamers* (zone 3) sera corrigé par les programmeurs (zone 1) qui proposeront un *patch* qui corrigera le logiciel (zone 2). Un studio de développement (zone 1), souhaitant prolonger la durée de vie d'une de ses productions, pourra décider de fournir aux pratiquants (zone 3) un niveau de jeu supplémentaire qui, cette fois encore, modifiera le jeu (zone 2). Le cheminement est identique lorsque ce même studio livre, par médias interposés, des *cheat codes* qui vont influer sur la façon de jouer de certains et donc sur les images et les sons qui seront reçus. Un dernier exemple, lorsque les joueurs eux-mêmes décident de programmer un additif qui modifie le contenu du jeu, ou lorsqu'ils le détournent pour créer quelque autre chose (cas des machinimas). De cela nous retenons que ces zones sont ouvertes et communiquent entre elles.

Reprenons maintenant l'examen de ces zones du point de vue du genre. La zone 1, de création, regroupe les personnes, par définition dotées d'identités sexuées variées, qui sont à l'origine des jeux. Ces individus, quel que soit leur rôle, appartiennent à des groupes sociaux déterminés qui possèdent, en tant que tels, un certain nombre de conceptions, que l'on peut étudier, sur les questions du masculin et du féminin. Dans le cadre de leur travail, ils constituent un nouveau groupe dont l'activité consiste, entre autres, à imaginer et construire des représentations susceptibles d'intéresser les personnes à qui ils destinent leur jeu. De cette cible, ils ont une connaissance tout à la fois empirique et statistique. Ils savent qu'une héroïne a eu du succès, qu'un *gameplay* a séduit, qu'un univers est dans l'air du temps. Ainsi donc, toute création vidéoludique a nécessairement et d'emblée quelque chose à voir avec le genre et peut légitimement être observée sous cet angle. On pourra notamment, dans cette optique, interroger le lieu commun qui consiste à considérer que les jeux vidéo sont faits par et pour des hommes. C'est d'ailleurs le projet de deux articles publiés en février 2011 dans le numéro des *Cahiers du jeu vidéo* intitulé « Girl Power ». François Reynal rapporte l'entretien qu'il a eu avec un grand nom du jeu. « Aussi bien *game designer* que scénariste, auteur de jeux d'aventures, Jane Jensen fait partie du petit nombre de créateurs reconnus en tant qu'auteurs et dont le seul nom suffit à rassembler l'intérêt de très nombreux fans » (Reynal, 2011, p.162). Frédéric Lepont présente des portraits et parcours de femmes qui, au Canada, travaillent, à tous les postes, dans l'industrie du jeu vidéo (Lepont, 2011). Outre Atlantique, l'ouvrage dirigé par Yasmin B. Kafai, *Beyond Barbie from Mortal Kombat*, consacre toute une partie à des interviews de femmes travaillant dans l'industrie vidéoludique. En dehors du fait que ces articles apportent la preuve que les jeux vidéo sont produits par des équipes non paritaires, certes, mais néanmoins mixtes, ils apportent également un certain nombre d'informations sur les variations des ratios hommes/femmes selon les catégories de jeux développés. Il semblerait en effet que les femmes soient plus nombreuses dès lors qu'il s'agit de programmer des jeux destinés à un public féminin (exemple du *casual gaming*). La façon dont les femmes interrogées parlent de leur situation dans l'industrie du jeu est également tout à fait intéressante. Deux postures cohabitent. L'une, essentialiste, met en avant les qualités féminines utiles à l'industrie quand l'autre se contente de nier la question du genre en mettant l'accent sur les compétences.

La zone 2, qui regroupe tout ce qui se donne à voir et à entendre lors d'une partie de jeu, se prête bien évidemment à une analyse genrée. On pourra successivement faire porter son attention sur les contenus audiovisuels, leurs formes, les relations qu'ils entretiennent avec d'autres productions de l'industrie culturelle. Certaines études ont été conduites qui empruntent cette voie. Elles s'attachent à des protagonistes précis (Lara Croft, Bayonetta...), elles s'efforcent de créer des typologies (les petits fantômes en tabliers, les séductrices mutantes, les héroïnes castratrices...), elles tentent de poser les bases d'une histoire des femmes vidéoludiques en général (le temps des princesses, les femmes d'action, la *girl next door*...) ou dans une catégorie particulière. Il faut saluer ces recherches, mais se souvenir que la question du genre et de sa représentation ne se résume pas aux seules héroïnes. Nous développerons ce point par la suite.

La zone 3, enfin, réunit tout ce qui a lieu autour et en aval du jeu. C'est ici que l'on trouve les joueurs et les joueuses, solitaires, en équipes, en communautés, *on line* ou *off line*. Là encore, quelques idées reçues auxquelles il faut tordre le cou. Non, il n'y a pas que des garçons qui jouent aux jeux vidéo et les *Frag Dolls*[24] d'Ubisoft ne sont que la partie émergée de l'iceberg. Il suffit pour s'en convaincre de parcourir le net et les blogs. Les « gameuses » ordinaires sont légion et s'expriment tout autant que les *gamers* sur leur passe-temps favori. Médiamétrie a publié en mai 2010 les résultats de son étude sur le profil et les habitudes des Français en matière de jeux vidéo : « Parmi ceux qui ont joué au cours des 12 derniers mois, la parité est presque de mise : 47 % des joueurs sont des femmes. Ces dernières sont même majoritaires chez les personnes âgées de 50 à 64 ans »[25]. Certes, si l'on interroge ces chiffres d'un peu

---

[24] Les *Frag Dolls* sont une équipe de joueuses talentueuses recrutées et employées par Ubisoft dans le but de promouvoir les jeux vidéo auprès des femmes. Source : http://en.wikipedia.org/wiki/Frag_Dolls [site consulté le 7 juillet 2011]

[25] Médiamétrie, observatoire des jeux vidéo. En ligne : http://www.mediametrie.fr/comportements/solutions/observatoire-des-jeux-video.php?id=90 [Site consulté le 28 juin 2011].

près, on constate des disparités en fonction des temps de jeux, des types de jeux, des plates-formes utilisées. Ces variantes, dès lors qu'elles sont identifiées, peuvent et doivent être étudiées. À l'intersection des zones 2 et 3, il faut aussi s'interroger sur les combinaisons qui se font et se défont entre le genre des joueurs et celui des avatars. Ces combinaisons sont-elles stables ou instables, évolutives ou figées, uniques ou multiples ? Obéissent-elles à des règles ? Reproduisent-elles des stéréotypes de sexe préexistants ou en inventent-elles de nouveaux ? Dans un autre ordre d'idée, la zone 3 regroupe également l'ensemble des produits qui gravitent autour des jeux vidéo depuis les textes critiques, profanes ou scientifiques, jusqu'au matériel publicitaire (jaquettes, stickers, figurines géantes...) en passant par les T-shirts et autres gadgets à destination des « *geek* » et « *geekettes* »[26].

Ces trois zones étant définies, on conçoit l'étendue du champ qui est à explorer du point de vue du genre. On conçoit aussi les précautions qu'il faut prendre avant de décider de ne s'intéresser qu'à un fragment de ce tout. On conçoit enfin la nécessité de prendre en compte les modifications consécutives aux interactions et aller-retour entre ces zones et dont nous avons parlé plus haut. Ce dernier point est essentiel, car c'est là en effet que réside la principale spécificité des productions vidéoludiques au regard des autres productions de l'industrie culturelle. Il faut donc en conséquence, pour travailler sur le genre et les jeux vidéo, accepter de travailler sur des éléments mouvants appartenant à des ensembles ouverts et dont les contours sont perméables.

Des jalons pour analyser les jeux vidéo

Dans les lignes qui suivent, nous nous concentrerons sur la zone 2. Nous avons en effet pour ambition d'étudier la façon dont les

---

[26] Un « geek » est une « personne passionnée par les technologies de l'information et de la communication, en particulier par internet » (Petit Larousse, 2010). Le substantif « geekette » est parfois employé pour désigner l'équivalent féminin du « geek », généralement considéré comme étant de sexe masculin.

images et les sons participent, lors d'une partie de jeu vidéo, à la construction de sens. Mais avant de pouvoir faire cela, il nous faut démontrer que les jeux vidéo sont des œuvres à caractère narratif. La question ne se pose pas pour les jeux d'aventure ou d'enquête. *Heavy Rain*, par exemple, place à l'évidence le joueur au sein d'un récit arborescent. Cette question cependant est plus délicate lorsqu'on s'interroge sur *Tetris* ou sur *Sim City*. Dans *Tetris*, le joueur doit ordonner des pièces de formes variées le plus rapidement possible et de façon optimale. Objectif : perdre le plus tard possible. La vitesse avec laquelle arrivent les pièces, leurs formes plus ou moins complexes, sont autant d'obstacles que le protagoniste doit franchir et qui constituent des péripéties. Dans *Sim City*, le joueur est le maire d'une ville qu'il gère au quotidien et regarde évoluer en fonction de ses décisions. Le jeu n'a d'autre objectif que celui que le joueur choisit de se donner. Ainsi donc, que le jeu vidéo soit en interne conçu ou non autour d'un objectif, il nous semble que l'acte même de jouer induit le fait de récit. Or, jouer à un jeu vidéo suppose que le joueur avance dans le jeu. S'il ne progresse plus, le jeu et donc le récit s'arrêtent, ce qui nous amène à considérer le récit comme une récompense et sa création comme l'objectif principal de toute partie de jeu.

Cela posé, restent à concevoir l'art et la manière d'adapter les outils de l'analyse narratologique à ce type de récit. Que devient par exemple la notion de possible narratif dès lors qu'une fois énoncés tous peuvent être poursuivis ? Qu'advient-il de la question de la focalisation quand le joueur peut décider du point de vue qu'il va adopter ? *Quid* de la chronologie du récit quand il peut choisir de la bouleverser ? Autant de questions qui interrogent la liberté de l'auteur, son statut et celui du récit. Nous n'avons pas ici la prétention d'apporter des réponses. Nous nous demandons juste ce qui change par rapport à un récit traditionnel. S'il semble à première vue que le jeu vidéo repousse les limites du récit, très vite, apparaissent d'autres limites. Peut-être que le joueur a plusieurs possibilités, mais il lui est impossible de les poursuivre simultanément, il doit en choisir une et une seule. Peut-être que le jeu propose plusieurs possibilités, mais toutes ont été envisagées par l'auteur du jeu[27], rien n'est possible qui n'ait été prévu. Si l'auteur semble déléguer une partie de son pouvoir au joueur, il n'en reste pas moins le maître du jeu. On peut d'ailleurs se demander si le jeu qui s'affranchirait de toutes ces limites serait encore un jeu, et conséquemment, si ce n'est pas le récit qui créerait la possibilité du jeu. Pour alimenter cette réflexion, on considérera avec intérêt l'histoire du métavers *Second life*, sa naissance, sa croissance et sa chute.

L'importance du récit dans les jeux vidéo étant démontrée, il s'agira ensuite d'identifier de façon plus systématique ses spécificités et de trouver le moyen de les prendre en compte lorsque viendra le temps de l'analyse. Une attention toute particulière devra, pour commencer, être portée aux embranchements et à leurs modalités. De même, il faudra veiller à explorer les voies multiples proposées par les jeux. Le travail promet d'être long et complexe. Il est probable aussi qu'il exige du chercheur une certaine humilité car il lui faudra accepter, très certainement, de se prononcer alors qu'il n'aura pas tout vu. Cette démarche est malcommode mais légitime, dès lors qu'elle est faite en conscience, parce qu'elle s'appuie sur des récits rendus possibles et qui ont eu lieu.

Si l'on souhaite étudier les récits vidéoludiques du point de vue du genre, on pourra faire porter son attention, comme avec un film, sur les situations, les actions, les dialogues. Mais aussi sur les embranchements du récit, leur emplacement, leur nature, les choix qu'ils offrent et ceux qu'ils n'offrent pas. En règle générale, il nous semble riche d'enseignements, lorsqu'on travaille sur un jeu, de considérer les choix par défaut faits par ses créateurs, tout ce qu'ils n'ont pas imaginé, pensé, voulu y mettre. Les personnages joueurs sont bien évidemment des entrées analytiques à privilégier. Certains jeux imposent de s'incarner dans des êtres humains préconstruits, sexués et genrés (*Tomb Raider, God of War*), d'autres laissent le joueur plus ou moins libre de créer son ou ses avatars (*Soul Calibur, Les Sims*). Entre ces

---

[27] Nous écrivons « l'auteur du jeu » par commodité, mais il est évident que le concept, dans le cas des jeux vidéo, est à redéfinir.

deux extrêmes, toute une palette de nuances : la possibilité de choisir, d'entrée de jeu, un personnage préconstruit féminin ou masculin, la possibilité de changer d'avatar en cours de route, de passer d'un sexe à l'autre, de façon plus ou moins contrainte (*Clive's Barker Jéricho, Ico, Heavy Rain*). Autant de cas de figures qui sont à étudier, pour eux-mêmes et pour l'influence qu'ils ont sur le déroulement du récit.

Les autres outils de l'analyse filmique peuvent ensuite être conviés, avec précaution cependant, car, si les notions de cadre, de mouvements d'appareil, de sons off, de raccords, signifient encore quelque chose, elles s'expriment, dans les jeux vidéo, d'une façon particulière. Le problème n'est pas que ces paramètres soient calculés par une machine, qui en définitive a été programmée par des êtres humains, le problème est que ces paramètres se meuvent dans un champ dont les limites existent mais ne sont pas explicitement données. C'est ainsi qu'il est presque impossible pour un joueur de refaire à l'identique, deux fois de suite, une même partie. Réfléchir à la façon dont ces paramètres font sens implique donc d'identifier leurs champs et leurs limites pour pouvoir, dans un second temps, déterminer les logiques qui les fondent et les relations qu'ils entretiennent les uns avec les autres.

Afin de tenir compte de ce phénomène, nous reprendrons l'idée émise par Hubert Charlot dans la préface du livre d'Emmanuel Guardiola lorsqu'il écrit que raconter une histoire n'est jamais que « créer une base de données contenant faits, style, personnages, lieux, effets et actions plus ou moins dramatiques pour générer un monde et créer chez l'interlocuteur, le spectateur ou le joueur une émotion » (Guardiola, 2000, p.4). Il nous semble en effet que cette façon de penser les jeux vidéo comme des systèmes de mise en relation de données peut être un moyen, pour l'analyste, d'appréhender leur complexité.

Si l'on décide de s'intéresser au contenu audiovisuel des jeux du point de vue du genre, il faudra se poser la question des représentations du masculin, du neutre et du féminin, tant en ce qui concerne les personnages de jeux vidéo que les espaces dans lesquels ils évoluent, les accessoires qu'ils utilisent, les actions qu'ils accomplissent. Que penser par exemple de ces matchs de catch organisés sur un ring rose et violet agrémenté d'un sofa et réservés aux femmes[28] ? Que penser des multiples allusions à la pornographie et à la prostitution présentes dans l'univers de *Duke Nukem* ? Au-delà des méthodes quantitatives, qui ont leurs mérites mais aussi leurs limites, il faudra se plonger dans des études qualitatives, examiner les filiations, les évolutions, les cas particuliers. Quels signes pour dire et définir une femme, un homme ? Quels signes pour camper un personnage LGBT ? À partir de quand a-t-on affaire à un stéréotype, à un contre-stéréotype, à un non stéréotype ?

Tenter de répondre à ces questions revient à s'interroger sur la caractérisation des avatars et sur leur mise en images et en sons. L'objectif ayant été posé, par le jeu ou par le joueur, un certain nombre d'actions vont être effectuées pour tenter de l'atteindre. Ces actions étant choisies parmi un nombre fini de possibles, la notion de liberté cohabite avec celle de contrainte. Le personnage qui à l'écran va accomplir ces actions se caractérise en tout premier lieu par son apparence physique. Son corps, sa gestuelle, sa tenue vestimentaire, sa voix. Le jeu fournit les paramètres, mais la façon dont ils vont être mêlés dépend du joueur. Pour étudier un avatar, on pourra commencer par essayer d'identifier ce qui vient du jeu, ce qui vient du joueur, ce qui vient des deux. L'analyse ensuite pourra porter sur la composition des combinaisons. L'agilité d'un personnage, par exemple, dépendra en partie de la programmation logicielle, en partie de la dextérité digitale du joueur. Sa façon de combattre sera fonction des réflexes du joueur, de son analyse de la situation, mais aussi de sa personnalité. Le profil psychologique de l'avatar résultera d'un entremêlement, plus ou moins déséquilibré, entre les données personnages gérées par l'intelligence artificielle et la personnalité que le joueur, consciemment ou non, instillera dans ce personnage. La cohérence psychologique de l'ensemble sera principalement assurée depuis l'extérieur, par le joueur. La caractérisation sociale enfin des personnages virtuels corres-

---

[28] *WWE Smackdown vs Raw 2006*, Yukes Media Creation et THQ, 2006.

pond d'ordinaire à des types, plus ou moins fouillés. Généralement offertes au choix en début de jeu, leur variété, leurs caractéristiques sont tout à fait intéressantes à observer du point de vue du genre. Si l'appartenance du joueur à une classe socioprofessionnelle n'a aucune incidence sur la caractérisation sociale de son avatar, l'alliance entre les deux parties pourra cependant être étudiée.

Tout se passe comme si les personnages de jeux vidéo se déplaçaient en fait sur une sorte de faisceau décisionnel dont les deux extrémités seraient : l'ordinateur décide de tout/l'humain décide de tout, le jeu ne pouvant exister qu'entre ces extrêmes, les positionnements successifs et simultanés créant l'originalité. Il nous semble, à ce point de notre raisonnement, que ce principe de fusion en mouvement est une caractéristique essentielle des jeux vidéo, qui les distingue de toutes les autres productions de l'industrie culturelle.

Du genre et des catégories de jeux vidéo

De la difficulté de classer les jeux vidéo

Étudier sous l'angle du genre les représentations mises en scène dans les jeux vidéo implique de savoir se repérer dans une forêt de titres parfois mystérieux (*Q*Bert*, *Katamari Damacy*, *IDKWTFTPIC*) et dans une galaxie de catégories : jeux d'action, de gestion, d'infiltration, de stratégie... Que l'on connaisse ou non ces termes, on imagine sans peine que les jeux qu'ils désignent possèdent des logiques et des codes propres, et qu'il faut en tenir compte.

Dans les boutiques, les jeux sont classés par plate-forme : ordinateur ou console, portable ou de salon. Dans les magazines spécialisés, ils sont rangés par catégories. On en dénombre plus d'une cinquantaine. Certaines sont surreprésentées (action, course, sport), d'autres sont présentées comme des catégories à part entière alors qu'elles ne sont que des sous-ensembles des précédentes (football, tennis, boxe), d'autres encore semblent avoir été inventées pour quelques jeux à peine (fléchettes, casino, flipper). Nombre d'entre elles sont identifiées par des termes relativement opaques (FPS, RPG, Survival). Autre caractéristique de cette classification, elle n'est pas finie. L'arrivée d'un nouveau jeu peut entraîner la création d'une nouvelle catégorie.

Si ces classements peuvent sembler peu clairs et peu scientifiques, il convient cependant de les considérer car ils sont décryptés par les joueurs dont, en fin de compte, ils émanent.

Plusieurs auteurs ont tenté de constituer une typologie des jeux vidéo. Nous citerons – la liste n'est pas exhaustive – Pierre Bruno, Alain et Frédéric Le Diberder, Sébastien Genvo, Jean-Yves Kebrat, Matthieu Letourneux. Tous reconnaissent que classer les jeux vidéo est un exercice des plus délicats, en raison notamment de l'évolution permanente de l'offre. Tous ou presque font des propositions, originales et argumentées, sans qu'aucune ne fasse l'unanimité. Point commun de ces propositions : toutes se réfèrent à l'action proposée dans les jeux.

Rien n'interdit cependant d'imaginer, en parallèle, d'autres façons de classer : par pays, par période, par concepteur, par développeur, par éditeur... ; basées sur des éléments narratifs autres que l'action (protagoniste, objectif, focalisation...) ; basées sur la structure interne des jeux (langage de programmation, moteur informatique...)[29] ; basées sur les modes d'interaction (contrôle direct ou indirect, modalités de gestion des ressources...) ; basées sur des critères auxquels nous n'avons pas pensé. Alain et Frédéric Le Diberder ouvraient d'ailleurs, en 1998 et non sans malice, leur chapitre sur les trois familles des jeux vidéo par une phrase de Borgès que nous reprenons volontiers à notre compte : « Les animaux se divisent en a) appartenant à l'empereur, b) embaumés, c) apprivoisés, d) cochons de lait, e) sirènes, f) fabuleux, g) chiens en liberté, h) inclus dans la présente classification, i) qui s'agitent comme

---

[29] Nous nous rapprochons ici de la position de Matthieu Letourneux qui explique très clairement (Letourneux, 2005, p.39) que la décision d'inscrire un jeu dans une catégorie est première dans le processus de création.

des fous, j) innombrables, k) dessinés avec un très fin pinceau de poils de chameau, l) et cætera, m) qui viennent de casser la cruche, n) qui de loin semblent des mouches » (Le Diberder, 1998, p.43).

Notre intention n'étant pas de proposer une nouvelle typologie mais de réfléchir à la façon dont on peut étudier les représentations mises en scène dans les jeux vidéo sous l'angle du genre, nous avons besoin de nous appuyer sur une classification, quand bien même elle serait inexacte. Parmi toutes celles que nous avons citées, nous choisissons la plus ancienne, celle proposée par Alain et Frédéric Le Diberder, parce qu'elle est simple, précise, relativement développée et parce que ceux qui l'ont conçue l'ont présentée sous une forme cartographique convaincante et susceptible d'évoluer (Le Diberder, 1998, p.48). De forme patatoïde, leurs ensembles permettent non seulement de comprendre les proximités qu'entretiennent entre elles les 12 sous-catégories et trois familles qu'ils ont définies, mais aussi d'envisager des ajustements.

Selon les frères Le Diberder, trois jeux, nés dans les années 1960, constituent les trois souches initiales à partir desquelles les jeux vidéo se sont développés. *Tic Tac Toe*, un jeu d'alignement sur une grille de 3 par 3, serait à l'origine de la famille des jeux de réflexion. *Le jeu de la vie*, qui consiste à regarder évoluer une population de cellules en fonction de règles données, serait à l'origine de la famille des jeux de simulation. *Pong*, l'un des tout premiers jeux vidéo, inspiré du tennis de table, serait à l'origine de la famille des jeux d'action. Même avec de l'imagination, il faut avouer que ces jeux se prêtent difficilement à une analyse en termes de genre, sauf à s'interroger sur l'art et la manière de l'éviter et de construire le neutre.

Jeux de réflexion

La famille des jeux de réflexion réunit les transpositions sur ordinateur de jeux qui existaient déjà avant les jeux vidéo. Dans la sous-catégorie jeux de stratégie, on trouve les échecs, le go, othello. Dans la sous-catégorie jeux classiques, on trouve les adaptations (jeux de cartes, de dés, de plateaux). Difficile ici d'étudier les stéréotypes de genre, pour peu que l'on excepte les représentations et les rôles masculins et féminins préexistants. Les pièces d'échec, les cartes à jouer, obéissent à des codes représentatifs assez stricts même s'ils admettent certaines variantes. Toute partie d'échec est l'histoire d'une lutte pour le pouvoir dont les principaux acteurs sont des rois, des reines, des cavaliers, des pions. Toute partie de carte implique une hiérarchie entre les figures. L'ordinateur propose parfois d'incarner un joueur masculin ou féminin, mais ce choix n'a aucune influence sur la partie à venir (ex : Cindy et Stanley, *Will Bridge : Match-Play Maîtrise*). La sous-catégorie jeux de rôles et d'aventures regroupe des jeux dont le principe est le suivant : donner à chaque joueur un rôle, des armes et un but et le laisser interagir avec les autres selon des règles préétablies. Il s'agit la plupart du temps de jeux de coopération, qui mettent en scène un groupe de personnages. Pour gagner, le joueur doit faire appel aux talents de tous. Comme dans la plupart des jeux vidéo de rôle, on choisit sa race, sa classe, son métier, mais aussi son sexe[30]. Les personnages possèdent en outre des aptitudes qui entraînent des comportements qui leur sont propres. Autant de paramètres qu'il conviendrait d'étudier sous l'angle du genre et des stéréotypes.

Nous citerons, pour convaincre les derniers sceptiques, les propos publiés sur le forum de *World of Warcraft* Europe par une jeune femme dont l'avatar, une elfe de sang, vient d'atteindre le niveau 50 et de toucher une nouvelle tenue[31] : « Je trouve que j'étais mieux protégée avec mon pantalon de maille offert à la création du personnage, et je n'ai pas l'impression d'avoir dû braver mille dangers pour acquérir ce porte-jarretelles gris en plaques et ce soutien-gorge. Je veux bien avoir une tenue "de ville" plus sexy, mais il s'agit là de ma tenue de COMBAT ! Comment puis-je paraître crédible comme ça ? Je reçois plus de

---

[30] Les jeux de rôles, la plupart du temps, ne proposent que quelques personnages féminins, souvent des sorcières, parfois des archères.
[31] Précisons ici que *World of Warcraft* se joue en ligne.

whisp du genre "OLOL tu susse ?" ou "cé comb1 la pip ?" que de gratifications pour mes actes guerriers »[32].

Alain et Frédéric le Diberder expliquent que, dans leurs versions les plus simples, notamment sur console, les jeux de rôle et d'aventure ont une frontière commune avec la catégorie des jeux de plate-forme. *Tomb Raider*, par exemple, est un jeu d'aventure de par sa structure générale (un réseau narratif) mais un jeu de plate-forme de par son mode de résolution des situations, qui fait appel avant tout aux réflexes et à l'habileté manuelle du joueur.

Sur le sujet qui nous intéresse, Lara Croft est une héroïne vidéoludique particulièrement intéressante. Hypersexualisée, résolument stéréotypée, elle est vécue comme un modèle par de nombreuses adolescentes.

Jeux d'action

La famille des jeux d'action, telle qu'Alain et Frédéric Le Diberber la définissent, réunit des jeux dont les règles sont simples, dont la durée de vie est d'ordinaire relativement courte et qui reposent sur les réflexes et les facultés d'anticipation du joueur. C'est la forme de jeu la plus populaire. Dans la sous-catégorie jeux de réflexe, on trouve, entre autres, des jeux qui explorent des possibilités qui ne ressemblent à rien de connu. *Tetris, Breakout, Bubble Pro, Q*Bert* ont leur propre univers de référence. C'est le cas aussi de *Pac Man*. Visuellement, cette petite boule jaune dotée d'une bouche et évoluant dans un labyrinthe pour manger des pastilles n'a rien de très subversif. Mais pourquoi l'avoir appelée Pac « Man » ? Un an plus tard, son homologue féminin, Ms Pac Man, arrive sur les écrans. Un petit noeud papillon, composé de deux pixels juchés au sommet de son crâne, permet de la distinguer de son compagnon. Comme quoi il suffit de bien peu de choses pour passer du masculin neutre au féminin !

---

[32] Commentaire posté le 25 mars 2008, forum *World of Warcraft* Europe. http://eu.battle.net/wow/fr/forum, site consulté le 12 novembre 2009.

Le principe des jeux regroupés dans la sous-catégorie jeux de tirs est simple : « tirer sur tout ce qui bouge » (Le Diberder, 1998, p.60). Le joueur doit vaincre des adversaires de plus en plus nombreux et de plus en plus coriaces. À la fin de chaque niveau se présente un ennemi particulièrement résistant dont la mort permet d'accéder au niveau suivant. Les frères Le Diberder considèrent ces jeux comme les descendants des jeux de massacre de nos fêtes foraines. De *Space Invaders* à *Call of Duty* en passant par *Doom*, cette sous-catégorie est particulièrement vivace. Du point de vue du genre, *Doom* accumule les stéréotypes[33]. Un héros viril et militaire, surarmé, évolue dans un univers résolument hostile. Il est seul contre tous, il blesse, il tue, il peut être blessé, il peut être tué. La caricature est à ce point poussée que l'on peut se demander si l'on n'a pas affaire à un stéréotype total, idéal, parfait, si tant est que cela soit possible, ce qui reste à démontrer. D'autres questions se posent alors. Les jeux vidéo, lorsqu'ils recourent aux stéréotypes, vont-ils vraiment plus loin que les autres productions de l'industrie culturelle ? Vont-ils ailleurs, autrement ? Quelles nécessités se dissimulent derrière la mise en scène de stéréotypes ? D'autres jeux, qui relèvent de la même sous-catégorie, mettent en scène le masculin et le féminin de tout autre manière. Dans *Clive Barker's Jericho* par exemple, le joueur a sous ses ordres un commando mixte composé de sept soldats. Il peut à volonté s'incarner dans l'un ou l'autre de ses membres. Certes, les garçons sont athlétiques et les filles sexy, mais, l'évolution est notable, il y a des filles et elles ne font pas que de la figuration. Pour gagner, le joueur doit apprendre à travailler en équipe et à conjuguer les talents des hommes et des femmes. Ainsi, sous des dehors parfaitement gore, ce jeu prône des valeurs d'entraide et de complémentarité, trop correctes presque pour être honnêtes ! Est-ce à dire qu'il existe un « bon usage » des stéréotypes ? Peut-on à tout le moins penser qu'ils peuvent se révéler utiles, pédagogiquement parlant peut-être ?

---

[33] À propos de *Doom,* nous nous permettons de renvoyer à notre article (Lignon, 2004).

La sous-catégorie jeux de combat obéit au même principe que la sous-catégorie jeux de tirs, mais sans les armes à feu. Pour gagner, il faut et il suffit de battre tous ses adversaires. Hommes, femmes, monstres combattent ensemble deux à deux sous prétexte d'une trame narrative minimale (bagarre de rue, tournoi d'arts martiaux...). C'est dans ces jeux que les stéréotypes, tant masculins que féminins, sont les plus flagrants. Les hommes exhibent leurs muscles, les femmes exhibent leurs formes. Certains de ces messieurs portent des vestes de kimonos sans manche qui croisent sous le nombril (ex : Akira Yuki dans la série des *Virtua Fighter*), la plupart de ces dames portent des tenues moulantes et excentriques (ex : Anna Williams dans la série des *Tekken*), ou des robes longues fendues jusqu'à la taille (ex : Lei-Fang dans la série des *Dead or Alive*). Dans la série des *Bloody Roar*, les combattants se transforment en animaux : tigre, loup, lion pour les garçons, lapin blanc pour la fille ! Certes, les jeux de combat permettent aux femmes de pratiquer une activité traditionnellement masculine et d'affronter les hommes d'égal à égal, mais la présence de sous-entendus érotiques dans leur gestuelle, que nous avons mise en évidence dans une précédente étude (Lignon, 2005), réduit cette avancée à néant. En fin de compte, ces jeux se révèlent tout à la fois égalitaristes et sexistes, à l'égard des hommes comme à l'égard des femmes. Un tel paradoxe laisse songeur.

La sous-catégorie jeux de sport regroupe des jeux qui s'inspirent plus ou moins librement de sports réels. Ces jeux font appel à l'adresse, à la vitesse et ne cherchent aucunement le réalisme. Nous citerons, pour exemple : *Airblade, Harry Potter : coupe du monde de quidditch, Planet Minigolf.* Ces jeux sont des transpositions ludiques, plus ou moins fantaisistes. Du point de vue du genre, il pourra être intéressant de s'interroger sur les sports détournés et d'analyser ces détournements.

Dans les jeux de plate-forme, le joueur se déplace dans un réseau en coupe, simple ou sophistiqué. Il va de plateau en plateau en gravissant des échelles, en bondissant. Pour gagner, il doit faire preuve de rapidité, d'habileté, d'astuce. *Donkey Kong*, sorti en 1981, a fixé les conventions de cette sous-catégorie qu'Alain et Frédéric Le Diberder qualifient de « version pour enfants du récit interactif » (Le Diberder, 1998, p.64). Le prétexte narratif, dans ces jeux, est en effet tout à fait secondaire et n'intervient pas dans le déroulement du programme. Il n'en est pas moins intéressant pour nous puisqu'il s'agit rien moins, d'emblée, que de sauver la princesse ! S'il est indéniable que ces jeux ont progressé techniquement (du fait notamment du passage de la 2D à la 3D), il ne semble pas, mais c'est à vérifier, qu'ils aient au fond beaucoup évolué. *Mario, Sonic, Rayman, Spyro, Prince of Persia...* La fonction de héros de jeux de plate-forme apparaît bien peu féminisée ! Il y a là tout un travail à faire sur les codes de la virilité.

Jeux de simulation

La famille des jeux de simulation, toujours selon les frères Le Diberder, regroupe des jeux dont le principe de base consiste à animer un modèle mathématique sur ordinateur en agissant sur certains paramètres. On y trouve des jeux qui n'ont pas forcément de but, où le plaisir vient, au sens large, du chemin à parcourir. Ces jeux, ou plutôt ces jouets, sont « une pâte à modeler informatique que l'on peut malaxer à l'infini pour lui donner la forme et le sens que l'on veut » (Le Diberder, 1998, p.69). Le concept de *Sandbox* (bac à sable), par opposition à celui de *Theme Park* (parc à thème), permet de comprendre l'esprit de ces jeux.

La sous-catégorie simulation de sports regroupe les adaptations vidéoludiques de sports qui visent au réalisme. Il conviendra, si l'on veut s'intéresser aux stéréotypes présents dans ces jeux, d'identifier clairement ce qui vient des pratiques sportives et ce qui vient de leur traitement télévisuel. On pourra alors se demander si les jeux vidéo s'inspirent de stéréotypes préexistants, s'ils les altèrent, les aplanissent ou en créent d'autres. On pourra s'interroger sur ce qu'il advient de ces sports soi-disant masculins, féminins, mixtes. On pourra considérer la proportion d'hommes et de femmes mis en scène. On pourra comparer les mouvements des corps virtuels, réels et télévisuels, la façon dont le ralenti, le cadre, les mouvements d'appareils mettent en valeur les sportifs et les sportives. On pourra étudier l'écart, au niveau des règles, des sensations, des émotions, entre le réel, le télévisuel et leur adaptation virtuelle.

La sous-catégorie jeux de gestion regroupe des jeux qui mettent l'accent sur la gestion de ressources limitées dans le but de prospérer. Ils peuvent être à tendance économique (gestion d'une ville, d'une entreprise, d'une institution) ou sociale (simulation de vie, jeux d'élevage). Dans *Caesar*, vous êtes le gouverneur d'une province romaine que vous aménagez, développez, administrez. Dans *Les Sims*, vous gérez la vie quotidienne de votre avatar et de sa famille. Ce jeu, qui permet de jouer à la poupée en étant assisté par ordinateur, est passionnant à étudier sur le plan du genre. On considère d'ordinaire qu'il est un modèle de tolérance. Les critiques font souvent référence à son statut de jeu vidéo le plus *gay friendly*. Nous avons nous-même constaté, lors d'une petite étude portant sur la sexualité des avatars, qu'hommes et femmes, dans le jeu, se comportent à l'identique (Lignon, 2008). Nous soupçonnons qu'il en va de même, mais il faudra s'en assurer, dans le domaine du travail, des études, des loisirs. Si tel est bien le cas, nous avons donc affaire à un jeu quasi avant-gardiste qui, en offrant la possibilité de jouer à l'égalité hommes/femmes, montre l'exemple, un exemple certes virtuel, conceptuel, mais qui vaut que l'on s'y attarde. Qu'est-ce donc que cette égalité ? Que faut-il en penser ? Comment se manifeste-t-elle, audiovisuellement parlant ? D'autres jeux encore méritent toute notre attention, qui s'adressent notamment à des publics segmentés selon certains critères, comme l'âge et le sexe. Citons pour exemple quelques titres qui laissent rêveur : *My Baby Boy*, *My Baby Girl*, *Léa Passion maîtresse d'école*, *Cooking Mama*, *My Hero : Pompier*, *My Hero : Doctor*.

Pour un classement ouvert

Ce tour d'horizon, certes rapide, nous permet d'affirmer que dans chaque catégorie de jeu, voire dans chaque sous-catégorie, se trouvent des logiciels qui méritent qu'on les scrute du point de vue du genre. Il nous conforte aussi dans l'idée que chaque jeu doit être étudié en fonction de ses rattachements catégoriels, ces codes se surajoutant, comme autant de filtres, au contenu même des jeux. On ne peut pas considérer une combattante virtuelle de la même façon selon qu'elle évolue dans un jeu de catch ou dans un jeu d'aventure. Il nous invite enfin, parce que l'évolution diachronique du discours est aussi à prendre en compte, à recourir à un système de classement qui soit valable pour les jeux les plus anciens comme pour les jeux les plus actuels.

Ces quelques remarques nous amènent à nous reposer la question de la typologie. Celle que nous avons utilisée a été créée en 1998 à partir de la « compilation de la plupart des nomenclatures proposées par les magazines et les vendeurs » (Le Diberder, 1998, p.45). Tributaire du moment de sa création, comme l'écrit Sébastien Genvo, elle doit donc être réactualisée (Genvo, 2002, p.14), car de nouvelles sous-catégories de jeux (infiltration, aventure action, jeux musicaux...) sont apparues ; car elle ne permet pas de prendre en compte toutes les nuances d'un jeu (ex : *Pac Man* est certes un jeu d'action mais aussi un jeu de réflexion) ; car elle n'admet pas les jeux qui relèvent de plusieurs sous-catégories (ex : *Grand Theft Auto*).

Le problème venant en partie du fait que les trois ensembles (action – simulation – réflexion) proposés par Alain et Frédéric Le Diberder sont fermés, nous proposons, très simplement, de les ouvrir, pour arriver à un schéma triangulaire, moins contraignant, où pourraient venir se placer anciennes, nouvelles sous-catégories et cas particuliers. Autrement dit, il s'agirait de considérer ces ensembles non plus comme des familles, mais comme des pôles. *Pac Man*, par exemple, se placerait sur la ligne reliant l'action à la réflexion. *Grand Theft Auto* serait porté au centre du triangle. On peut même aller encore plus loin et imaginer de reporter sur ce schéma les différentes positions successivement adoptées par un même jeu à différents moments. Ces fluctuations pourraient être représentées graphiquement par des tracés de parcours, de territoires.

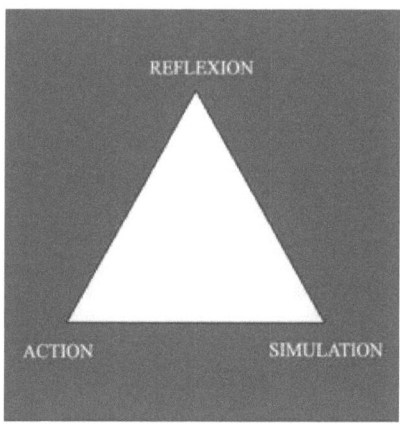

Cette manière d'envisager les choses est particulière car elle suppose, d'une certaine façon, d'accepter, pour classer, de ne pas classer. Si ce schéma semble convenir, pour les jeux du passé comme pour les jeux du présent, il n'a bien sûr rien d'absolu ni de définitif. L'apparition prochaine d'un quatrième sommet, par exemple, n'est pas à exclure. Notre intention, quand nous avons commencé à écrire, n'était pas de réfléchir au problème de la classification des jeux vidéo. Les propositions que nous venons de formuler se sont imposées d'elles-mêmes, conséquence inattendue de la réflexion sur les stéréotypes.

Les jeux vidéo sont, nous espérons l'avoir montré, des objets complexes qui ne sauraient se mesurer à la seule aune des stéréotypes de sexes, parce qu'il y a différents degrés de stéréotypage, parce qu'un même jeu peut n'être stéréotypé que sur certains points, parce que ceux et celles qui jouent avec ces stéréotypes sont des individus réels, complexes. C'est pour ces raisons entre autres que nous avons élargi le propos à la question du genre en général.

Au terme de ce chapitre, nous espérons avoir contribué à établir une cartographie raisonnée qui devrait permettre d'analyser les jeux vidéo dans une perspective de genre, tout particulièrement du point de vue des représentations.

Index des jeux cités

Airblade, Criterion Games et Namco, 2001.

Bayonetta, Platinum Games et sega, 2009.

Bloody Roar, Hudson Soft et 8ing, 1997. (Premier épisode de la série).

Breakout, Atari, 1976. (Premier épisode de la série).

Bubble Pro, Orsome, 2009.

Caesar, Golden Sector Design et Impressions, 1992. (Premier épisode de la série).

Call of Duty, Infinity Ward et Activision, 2003. (Premier épisode de la série).

Clive's Barker Jericho, MercurySteam et Codemasters, 2007.

Cooking Mama, Office Create et Taïto, 2006.

Dead or Alive, Tecmo, 1996. (Premier épisode de la série).

Donkey Kong, Nintendo, 1981. (Premier épisode de la série).

Doom, ID Sofware, 1993. (Premier épisode de la série).

Duke Nukem 3D, 3D Realms et U.S. Gold, 1991. (Premier épisode de la série).

God of War, SCE Santa Monica Studio et Sony Computer Entertainment, 2005 (premier épisode)

Grand Theft Auto, DMA Design et BMG Interactive, 1997. (Premier épisode de la série).

Harry Potter : Coupe du monde de Quidditch, EA Games, 2003.

Heavy Rain, Quantic Dream et Sony Computer Entertainment, 2010.

Ico, SCE Japan Studio et Sony Computer Entertainment, 2001.

IDKWTFTPIC, Levone Project, 2009.

Katamari Damacy, Namco, 2004. (Premier épisode de la série).

Léa passion maîtresse d'école, Magic Pockets, Ubisoft, 2008.

Les Sims, Maxis et Electronic Arts, 2000. (Premier épisode de la série).

Mario Bross, Nintendo, 1983. (Premier épisode de la série).

Ms Pac Man, Midway, 1981.

My Baby Boy, Dancing Dots et Nobilis, 2008.

My Baby Girl, Dancing Dots et Nobilis, 2008.

My Hero Doctor, Majesco Entertainment Game Life, 2009.

My Hero Pompier, Mad Monkey Studio, Game Life, 2008.

Pac Man, Namco, 1980. (Premier épisode de la série).

Prince of Persia, Broderbund Software, 1989. (Premier épisode de la série).

Planet Minigolf, Zen Studios et Sony Computer Entertainment, 2010.

Pong, Atari, 1972. (Premier épisode de la série).

*Q*Bert*, Gottlieb, 1982.

Second Life, Linden Lab, 2003.

Sim City, Maxis, 1989. (Premier épisode de la série).

Soul Calibur, Namco, 1998. (Premier épisode de la série).

Space Invaders, Taito et Midway, 1978.

Spyro, Insomniac Games et Universal Interactive, 1998. (Premier épisode de la série)

Tekken, Namco, 1994. (Premier épisode de la série).

Tetris, Pajitnov Alexis, 1984. (Premier épisode de la série).

Tomb Raider, Core Design et Eidos Interactive. (Premier épisode de la série).

Virtua Fighter, Sega-AM2 et Sega, 1993. (Premier épisode de la série).

Will Bridge : Match-Play Maîtrise, Will Bridge, 2002.

World of Warcraft, Blizzard Entertainment, Vivendi universal, 2004. (Premier épisode de la série).

WWE Smackdown vs Raw 2006, Yukes Media Creation et THQ, 2006.

Bibliographie

Bruno, P. (1993). *Les jeux vidéo*. Paris : Syros.

Caillois, R. (1967). *Les jeux et les hommes*. Paris : Gallimard.

Genvo, S. (2002). *Introduction aux enjeux artistiques et culturels des jeux vidéo*. Paris : L'Harmattan.

Greimas, A. J. (1970). *Du sens : essais sémiotiques*. Paris : Seuil.

Guardiola, E. (2000). *Écrire pour le jeu*. Paris : Dixit.

Huizinga, J. (1951). *Homo ludens : essai sur la fonction sociale du jeu*. Paris : Gallimard.

Kafai, Y. B. (dir.). (2008). *Beyond Barbie and Mortal Kombat : New Perspectives on gender and Gaming*. Cambridge : MIT Press.

Kebrat, J.-Y. (2005). *Manuel d'écriture de jeux vidéo*. Paris : L'Harmattan.

Le Diberder, A., & Le Diberder, F. (1998). *L'univers des jeux vidéo*. Paris : La Découverte.

Lepont, F. (2011). We can do it ! Girl Power. *Les Cahiers du jeu vidéo*, *4*, 182-191.

Letourneux, M. (2005). La question du genre dans les jeux vidéo. Dans S. Genvo (dir.), *Le game design de jeux vidéo : approches de l'expression vidéoludique* (pp. 39-54). Paris : L'Harmattan.

Lignon, F. (2004). La guerre mise en jeu, L'armée à l'écran. *CinémAction, 113,* 259-265.

Lignon, F. (2005). L'image de la femme dans les jeux vidéo de combat. Dans A. Roger & T. Terret (dir.), *Sport et genre. XIXe-XXe.* (vol. 4, pp. 171-185). Paris : L'Harmattan.

Lignon, F. (2012). Séduction et virtualité : l'amour au pays des Sims. *GEM [carnet de recherche].* En ligne : http://gem.hypotheses.org/754.

Reynal, F. (2011). Rencontre avec Jane Jensen, Girl Power. *Les Cahiers du jeu vidéo, 4,* 162-169.

Chapitre 5
**Les normes de sexes
dans les interactions enseignant.e et élèves.
Deux études de cas en Éducation Physique et Sportive**

Sigolène Couchot-Schiex
*Maîtresse de conférences
en Sciences et Techniques des Activités Physiques et Sportives
Université Paris-Est Créteil – IUFM de l'Académie de Créteil
Laboratoire CIRCEFT REV
Observatoire Universitaire International
d'Éducation et de Prévention*

Dans le panorama des questions de genre en éducation que cet ouvrage permet de parcourir, nous allons nous intéresser à l'éducation physique et sportive (EPS). Cette discipline s'insère avec les autres disciplines scolaires dans l'univers de l'école. De ce fait, l'EPS participe à la transmission des normes culturelles et sociales et par conséquent ne peut échapper aux effets de production/reproduction des normes attendues pour chacun des deux sexes. « En ce sens, le rapport des sexes en présence constitue un "ingrédient" de la formation, un aspect de ce que les sociologues appellent le "curriculum caché", c'est-à-dire une dimension non accessoire du cursus, non incluse explicitement dans les programmes, mais inculquée de manière plus diffuse » (Duru-Bellat, 2004, p.66).

La reconnaissance de l'importance de l'éducation physique et sportive comme discipline scolaire varie suivant le niveau du cursus scolaire concerné, au gré des objectifs institutionnels. Si elle est reconnue comme fondamentale en maternelle par le biais des apprentissages moteurs qui contribuent au développement de l'enfant, un peu plus tard, au collège ou au lycée, elle n'est parfois perçue que comme un lieu de défoulement, une récréation du corps, un temps (béni ou maudit) où l'immobilité corporelle exigée pendant la durée du temps scolaire peut être interrompue. Dans la hiérarchie des disciplines scolaires, l'EPS n'occupe qu'une place secondaire dans les représentations de certain.e.s enseignant.e.s et de certain.e.s élèves et de leurs parents.

L'éducation physique et sportive est une discipline d'enseignement scolaire

Les enseignant.e.s d'EPS, sont convaincu.e.s de la légitimité de leur discipline et de sa spécificité. En effet, l'EPS est la seule discipline scolaire à prendre pour objet le corps s'exerçant dans des activités motrices et sociales dont beaucoup sont issues des pratiques sportives. Ce lien fort qui l'attache aux sports, supports des activités d'apprentissage proposées, permet de saisir l'importance accordée, d'une part, à des modalités compétitives de pratique, et d'autre part à la place de la performance au moment de l'évaluation des apprentissages des élèves. Au long d'un processus historique, l'EPS s'est insérée dans les disciplines scolaires ce qui l'a amenée à définir d'autres critères d'évaluation que les seuls indicateurs de performance. Malgré tout, l'évaluation demeure, aujourd'hui encore, indéniablement orientée vers la performance, ainsi que le montrent à la fois la difficulté pointée par les enseignant.e.s à noter les élèves (les pratiques sont finalement très variées) et les écarts de résultats au baccalauréat qui se maintiennent ou s'accentuent malgré les tentatives de régulation (Combaz & Hoibian, 2007 ; Vigneron, 2006). La différence garçons/filles pour les notes du baccalauréat aurait tendance à s'accentuer passant de 0,8 point en 1986 (moyenne nationale) à 1,17 point en 1997 et 2006 (moyennes des académies de Nice, Rouen, Créteil ; données citées par Combaz & Hoibian, 2007).

L'éducation physique et sportive possède toutes les caractéristiques d'une discipline scolaire : un.e enseignant.e prend en charge une classe dont le nombre d'élèves, leur âge, la répartition des sexes, les identités sociales sont variables. Ainsi que pour toute autre discipline, l'homogénéité de la forme scolaire déclarée n'est qu'apparente. Ainsi que pour toute autre discipline, l'hétérogénéité des pratiques constitue la réalité. Cette variété des pratiques « de classe » (de gymnase ou de stade serait plus adéquat) provient à la fois de la diversité des pratiques de référence utilisées comme supports de l'activité proposée et de la personnalité de l'enseignant.e dans l'exercice des gestes professionnels. Même si les référents sont communs, les pratiques demeurent heureusement multiples.

Le choix des activités soumises aux élèves peut influencer le parcours des élèves. La nature des activités, les modalités pédagogiques des pratiques seraient plus souvent proches des souhaits et des pratiques des garçons que de ceux des filles. Lors de la programmation des activités, l'enseignant.e a la possibilité de choisir entre différentes références sociales ou sportives. Il/elle est institutionnellement contraint.e d'aborder différents domaines de pratique : des activités où la performance est mesurée, des activités duelles et d'opposition, des activités d'adaptation à l'environnement, des activités à visée artistique. Parmi ces différents domaines, les activités à visée artistique se distinguent particulièrement. Thierry Terret et ses collaboratrices (Terret, Cogérino & Rogowski, 2006) ont montré que l'enseignement de l'EPS peut être considéré comme un *curriculum* masculiniste duquel ces activités artistiques se démarquent. Rompant avec la logique d'affrontement ou de confrontation qui prédomine dans l'ensemble des pratiques, elles se situent à distance du modèle sportif. Souvent connotées ou perçues comme féminines, elles s'opposent à l'ensemble des pratiques dont la plupart est connotée ou perçue comme masculine.

Activités artistiques et d'expression : un traitement particulier ?

Les études antérieures montrent deux grandes tendances spécifiques des activités d'expression : les pratiques proposées sont davantage accessibles aux garçons et les interactions en cours d'EPS leurs sont favorables.

- *Des influences pèsent sur la sélection des activités artistiques.*

Les activités physiques artistiques sont moins souvent choisies comme support d'activité par les enseignant.e.s des classes mixtes du secondaire. Les enseignant.e.s estiment que l'enseignement de certaines de ces activités favorise les filles.

Ces résistances à la programmation des activités artistiques sont encore plus importantes avec les élèves les plus âgés, au lycée général ou professionnel. Ce sont surtout les hommes confrontés à l'enseignement de la danse qui craignent que la situation d'enseignement en classe mixte ne devienne incontrôlable (Terret, Cogérino & Rogowski, 2006). Une seconde difficulté est alors identifiée : celle de la pression des garçons de la classe lors de la mise en place de ces activités. En effet, les garçons sont jugés peu réceptifs à ces pratiques et leurs débordements sont jugés susceptibles de générer des cours difficiles, voire des situations de chahut (Davisse, 1995).

À partir des résultats d'une enquête par questionnaire, Combaz & Hoibian (2009) sont à même de présenter les réticences des élèves à la pratique de ces activités modérément appréciées. En fait, filles et garçons semblent peu attirés par ces pratiques. En tête des activités plébiscitées par les élèves figurent les activités physiques de pleine nature ; viennent ensuite le tennis, certains sports de combat (dont la boxe), les activités dites d'entretien (musculation, gymnastique aérobic, etc.) et les activités physiques artistiques (danse, gymnastique rythmique et sportive, etc.).

Pour ces auteurs (Combaz & Hoibian, 2007), les élèves accèdent à ces activités de manière différenciée selon leur sexe au cours de leur scolarité :

Activités physiques	Garçons	Filles	Différence G/F
Gymnastique	21,0	28,2	-7,2
Acrosport	16,2	21,6	-5,4
Danse	3,2	7,9	-4,6
Aérobic stretching step	0,5	3,4	-2,9

Tableau 1. Extrait de : *Activités physiques pratiquées dans le cadre des cours d'EPS* (Combaz & Hoibian, 2007, p.9).

À partir des données de ce tableau, on peut dire que les filles sont susceptibles d'avoir davantage pratiqué ces quatre activités connotées féminines que les garçons pendant les cours d'EPS dans l'enseignement secondaire (collège, lycée et lycée professionnel ; programmations année 2005-2006).

Bien que relativement différentes dans leur manière d'être exercées, ces quatre activités relèvent de la même compétence des programmes institutionnels[34] concernant l'EPS. Les textes officiels du niveau collège stipulent en particulier que « le projet pédagogique doit présenter une programmation exigeante, équilibrée et suffisamment diversifiée pour permettre aux filles comme aux garçons de réussir et d'acquérir une culture commune » (*Bulletin Officiel* n°6, 2008, p.8).

Si les enseignant.e.s insèrent régulièrement dans leur programme annuel la gymnastique sportive ou l'acrosport, la danse et l'aérobic sont beaucoup moins souvent présentes dans les projets pédagogiques, projets communs à l'équipe des enseignant.e.s d'un même établissement. Pour expliquer cette différence, on peut faire valoir que le traitement didactique des deux premières activités citées est beaucoup plus proche des activités de performance que ne peuvent l'être les activités d'expression artistique ou créatrice. On peut également s'interroger sur la teneur des discussions de l'équipe au moment de la prise de décision quant aux choix de l'activité qui figurera dans le projet pédagogique. Ainsi dans une étude effectuée auprès d'équipes d'enseignant.e.s d'EPS, Mazzacavallo (1997) a envisagé un questionnement similaire à propos des modalités de fonctionnement des équipes mixtes d'enseignant.e.s dans les décisions

---

[34] Pour les lycées le *Bulletin officiel* spécial n° 4 du 29 avril 2010 précise, concernant ces activités, qu'il s'agit de « réaliser une prestation corporelle à visée artistique ou acrobatique (compétence propre 3) ». Pour cela la liste nationale des activités physiques sportives et artistiques propose de choisir parmi : acrosport, aérobic, arts du cirque, danse, gymnastique (sol, parallèles, asymétriques, fixe, poutre), gymnastique rythmique. Pour les collèges, le *Bulletin officiel* spécial n°6 du 28 août 2008 propose la même compétence propre que pour le lycée avec la programmation d'activités divisées en deux sous-groupes : groupe des activités gymniques (aérobic, acrosport, gymnastique sportive gymnastique rythmique) et groupe des activités artistiques (arts du cirque, danse).

collectives, les rôles et tâches supportés par les enseignant.e.s suivant leur sexe, leur ancienneté, leur statut dans l'équipe.

- *Caractéristiques des interactions enseignant.e.s avec les élèves dans ces activités*

Différentes recherches antérieures ont montré que dans les activités connotées comme féminines, les enseignant.e.s interagissent avec les filles et les garçons de manière significativement différente (Couchot-Schiex, 2005 ; Couchot-Schiex & Trottin, 2005).

Ces analyses exposent des différences sur le plan quantitatif : le pourcentage d'interactions obtenu est de 58 % en faveur des garçons et 42 % en faveur des filles, soit assez proche de la « loi des 2/3, 1/3 » souvent réaffirmée.

Elles exposent également des différences sur le plan qualitatif : les *feedback* sont plus généraux, montrent un niveau d'exigence moindre, simplifient les contenus, font moins appel à la réflexion pour les filles que pour les garçons. Ces résultats demeurent valides quel que soit le sexe de l'enseignant.

L'ensemble de ces résultats se rapproche de ceux obtenus lors de l'observation d'une leçon de mathématiques réalisée par Mosconi et Loudet-Verdier, dans un ouvrage paru il y a plus de dix ans (Blanchard-Laville, 1997). Les études qui portent sur le rapport au savoir des disciplines scolaires rapprochent souvent l'EPS et les mathématiques, les deux disciplines étant considérées comme porteuses d'un *curriculum* plutôt masculin. Toutes deux ont des effets communs notamment au regard du *curriculum* réel et caché. Les confirmations, quantitative et qualitative, semblent donc résister à la pratique disciplinaire, au *curriculum*, à l'évolution institutionnelle et sociale.

Inévitablement, accumulées tout au long du cursus scolaires, les différences énoncées ci-dessus font vivre des expériences physiques et sportives différentes pour les filles et les garçons, alors qu'ils/elles sont scolarisé.e.s dans une même classe, avec un.e même enseignant.e.

Le curriculum caché : un pourvoyeur insidieux d'inégalités y compris en EPS

- *La fabrication des inégalités : le curriculum caché engendre un processus invisible*

Mosconi définit le *curriculum* caché comme une « forme de savoir appris à l'école sans faire partie des programmes officiels, inculqué de manière diffuse éventuellement contre la volonté des personnes, on peut dire que ce traitement inégal et différentiel selon leur sexe produit un *curriculum* caché. » (Mosconi, 1994, p.251).

Les interactions entre les acteurs de la classe sont formatées par un modèle culturel implicite du féminin et du masculin qui reproduit les valeurs traditionnelles et véhicule des façons d'interagir entre les sexes dans la classe. Ces normes culturelles et sociales sont souvent transmises inconsciemment par des implicites qui s'actualisent au quotidien dans des situations parfois anodines. L'exemple suivant m'a été rapporté par une enseignante stagiaire de retour de stage et qui a dû reconnaître sidérée, qu'elle s'était entendue dire à un petit garçon tombé dans la cour que « ça pleure pas les p'tits gars ! » [sic].

Les travaux cherchant à rendre compte du *curriculum* caché explorent aujourd'hui tout un éventail de disciplines scolaires, de niveaux du cursus ou de lieux d'enseignement. Les travaux pionniers de Duru-Bellat (1990) ou de Mosconi (1994) ont démontré les différences de traitement entre filles et garçons dans les classes mixtes. Ces différences se structurent autour d'un double standard : la performance scolaire et le comportement de l'élève. Les études suivantes, réalisées à partir de protocoles méthodologiques d'observation *in situ,* se sont enrichies lors des dix dernières années par des travaux variés qui confirment ces premiers constats. L'ensemble des résultats est plutôt homogène, notamment dans les disciplines scolaires connotées comme masculines telles les sciences (Collet, 2009), les mathématiques (Jarlegan, 1999) ou l'EPS.

Précisément en mathématiques, les enseignant.e.s ont tendance à proposer des sujets qui intéressent davantage les garçons que les filles car les garçons sont repérés comme potentiellement perturbateurs. Par conséquent, la vision qu'ils et elles ont de cette discipline est différente, les garçons en ayant davantage intériorisé l'enjeu social (Collet, 2009).

- *Qu'en est-il en EPS ?*

Dès 1992, Combaz montrait que les notes obtenues en EPS au baccalauréat étaient plus faibles d'un point en défaveur des filles. Ce résultat semblait toutefois nuancé à la fois par l'âge de l'élève et son origine sociale : plus les filles sont âgées et plus on descend dans la hiérarchie sociale moins les notes sont bonnes. Ce constat est toujours d'actualité et résiste à bien des tentatives d'amélioration notamment à travers les consignes de notation. Le choix des activités support de cette évaluation semble également détenir un poids statistique : les trois activités les plus choisies (athlétisme, volley, badminton) sont les plus discriminantes pour les filles. En 2004, Vigneron émet l'hypothèse que les écarts relevés proviennent aussi bien de variables individuelles que d'une accentuation par l'école des différences de socialisation. Dernièrement, Combaz & Hoibian formulent des hypothèses en termes de *curriculum*. Ils pointent le décalage entre le *curriculum* formel (les programmes institutionnels) et le *curriculum* réel (les activités d'enseignement proposées par les enseignant.e.s). Les activités réellement exercées ne permettraient guère aux filles de réussir, notamment parce que les modalités privilégiées se réfèrent massivement au modèle sportif. Cela contribuerait pour une grande part, à « fabriquer » les inégalités de réussite selon le sexe (Combaz & Hoibian, 2009).

- *Et pour les activités physiques artistiques ?*

En danse, les enseignant.e.s semblent crispé.e.s sur l'identité de sexe : il faudrait proposer une danse pour les filles et une danse pour les garçons. Cependant ils/elles ont du mal à interroger les contenus au-delà des stéréotypes sexués. Comme le propose Coltice (2005, p.102) incite-t-on les garçons à vivre les dimensions du féminin et les filles celles du masculin afin de leur permettre d'échapper, s'ils le désirent, aux stéréotypes culturels sans perdre leur identité ? Il semblerait que les résistances des garçons à la pratique de la danse soient majeures. Lors de l'annonce d'une activité danse, ils reprennent cette crainte à leur compte souvent avec humour : « on va mettre des tutus » ! Une fois l'ironie passée, les constats sont faits qui montrent une fois encore une différenciation des contenus d'enseignement qui renforcent les stéréotypes de sexe. Avec les filles, les enseignant.e.s valorisent la précision du geste et la mémorisation, alors qu'avec les garçons c'est la spontanéité et la création qui priment.

Le problème posé

Nous nous proposons de pointer maintenant quelques éléments de la pratique enseignante en EPS susceptibles d'exercer une influence sur la normalisation des comportements des élèves selon leur sexe. On peut attendre de certains facteurs la production d'effets différenciés voire défavorables à l'élève suivant qu'ils s'exercent à l'encontre des filles ou des garçons. Ayant recueilli des données par observation, nous nous efforcerons de les analyser selon le cadre des études sur le genre, tout en conservant les éléments propres à l'ingénierie didactique de l'EPS puisque les séances observées s'inscrivent dans l'activité réelle d'enseignement. Pour cela, nous sommes allées observer deux classes du secondaire en situation d'enseignement d'une activité artistique menée par l'enseignante de la classe. Nous reprenons à notre compte l'hypothèse selon laquelle les choix effectués par les enseignantes au cours de la séance observée, attestent de la puissance du formatage genré par l'assimilation des stéréotypes et la reproduction des normes de sexe, mais aussi du cadre didactique attendu en EPS par l'assimilation à la pratique sportive relevant essentiellement de la performance. Pour ce faire, les contenus réels proposés à l'étude des élèves seront questionnés, ainsi que les effets de ces contenus en termes d'apprentissage pour les élèves.

D'un côté, nos observations sont centrées sur le langage utilisé par l'enseignante, notamment dans les propos qui visent explicitement la tenue du corps ou les exigences corporelles (n'oublions pas que le corps est un objet spécifique de l'EPS). Nous postulons que le langage est un vecteur crucial des normes de sexe, dont l'enseignant.e use dans les interactions verbales (et non verbales) qu'il/elle adresse aux élèves.

De l'autre côté, ce sont les glissements didactiques décelés dans le cours des séances qui seront questionnés sous l'angle de l'égalité de traitement (didactique) des élèves filles et garçons.

La méthode est de type anthropologique, utilisant un outillage constitué de grilles d'observation utilisées *in situ*. Les observations ont été réalisées par deux observatrices positionnées à deux endroits différents de la salle dans laquelle se déroulait l'activité. Les observations ont porté sur deux classes mixtes : une classe de sixième de 24 élèves répartis équitablement selon les deux sexes et une classe de seconde de 28 élèves comprenant 2 garçons seulement.

Puisque nous étions intéressées particulièrement par la particularité des activités dites féminines dans le curriculum de l'EPS, nous avons sélectionné auprès de ces classes des activités relevant de ce domaine d'expérience corporelle et sociale. Nous avons assisté à une séance de danse (milieu du cycle, ou séquence) avec la classe de sixième et à une séance d'acrosport (fin de cycle, séance précédant l'évaluation) pour la classe de seconde. Les deux classes sont situées dans deux établissements voisins, les deux enseignantes sont deux collègues expérimentées.

Analyse

Le langage et les normes corporelles

L'étude des interactions à destination des élèves (filles et garçons) permet de repérer les attentes de l'enseignante à travers les propos développés. Les observations et le relevé des verbalisations audibles par tous montrent, pour ce qui relève des propos sur le corps qui nous intéressent prioritairement en EPS, des centrations sur l'apparence physique, le contrôle du corps et le contrôle de soi. Ces interactions verbales témoignent d'un regard naturaliste ancré dans le biologique qui maintient les élèves dans les rôles de filles et de garçons socialement attendus. La séance d'EPS observée n'échappe pas à la réaffirmation de cette différenciation sexuée. Elle offre une série d'interactions essentiellement centrées sur l'apparence adressées aux filles de la classe de seconde.

Registre du corps
– « les filles vous vous activez »
– « on a des bras, ça sert »
– « serre les fesses et les abdos » (de nombreuses fois)
– « les bossues vous vous redressez »
– « on se botte les fesses »
– « comme un sac »
– « les fesses qui se baladent »
– « les jambes de bois au vestiaire »
– « souffrez en silence »
– « grandis-toi »
Registre de l'apparence
– « jolie, c'est mieux »
– « on se remet pas le slip »
– « posez votre quincaillerie, il y en a qui ont 15 bracelets »
– « on remet pas ses cheveux, donc ça suppose qu'ils soient attachés »
– « je vais chercher mes ciseaux »

Tableau 2. Relevé des verbalisations adressées aux filles de la classe de seconde (activité acrosport)

Ces verbalisations sont éloquentes, d'autant que leur présentation sous forme de tableau les isole de tout contexte social. Néanmoins, elles ont bien été énoncées, et nous choisissons de les appréhender comme des faits de verbalisation afin d'avancer dans l'analyse du travail (du jeu) enseignant.e *versus* élèves filles et garçons. Quelle est donc l'image que ces propos renvoient aux filles qui le reçoivent ? De manière prévisible, c'est une image stéréotypée d'une femme dynamique. L'attitude corporelle attendue est celle d'un corps redressé, souple mais ferme sans ventre proéminent ni fesses molles. C'est ainsi que se construit une image « naturelle » de la femme idéale qui contrôle son corps (donc ses émotions) et ne laisse rien paraître afin de correspondre à l'esthétique féminine attendue : une femme « jolie ». Ce terme utilisé en tant qu'interaction à valeur didactique ne permet d'ailleurs guère d'envisager réellement de référent, de représentation, auquel il pourrait renvoyer puisqu'aucun critère n'accompagne le propos. Ce relevé montre combien les esprits et les corps sont forgés par la force du langage, dans le sens d'une apparence sexuée attendue que l'enseignante reprend à son compte et transmet aux élèves (ici les filles) sous la forme de prescriptions ou d'interdits. L'entretien mené avec l'enseignante à la suite de la séance observée montre que ces propos ne sont pas exprimés avec une volonté particulière mais plutôt de manière peu consciente, qu'ils reposent sur des clichés, des attendus sociaux qu'elle a elle-même incorporés et qu'elle retransmet dans un processus de reproduction normatif. Dans cette séance d'acrosport, où les élèves auront à réaliser, par petits groupes, une démonstration face à l'ensemble de la classe, l'enseignante les engage à correspondre aux normes d'une apparence féminine attendue et socialement valorisée basée sur l'esthétisme et un maintien postural de rectitude. Ces résultats sont conformes à ceux des travaux actuels concernant les effets de la socialisation des corps et leur façonnage social, travaux qui multiplient les analyses dans les différentes sphères sociales (famille, groupes de pairs)[35].

Le langage est un vecteur crucial des normes sociales puisque selon Searle la parole est destinée à faire réagir l'interlocuteur. Il comporte donc une force intrinsèque, c'est un moyen pour agir, pour faire pression sur autrui. Certains actes de langage possèdent tout particulièrement une force symbolique : elle s'exerce à partir d'énoncés qui impliquent une action sur autrui, il s'agit des énoncés performatifs (Austin, 1970). Nous retrou-

---

[35] Pour approfondir, voir Darmon, 2006.

vons ces injonctions performatives dans les interactions énoncées par l'enseignante ayant pour objet le corps des élèves dans cette activité physique scolaire.

Incorporer les traits féminins ou masculins, c'est répéter une norme qui assure la reconnaissance de ce que nous sommes. Les métaphores et les symboliques véhiculées par le langage de l'enseignante sont dignes d'être repérées pour identifier et analyser les effets de ces paroles dans le cadre scolaire. À travers le langage et dans ces interactions s'exprime la manière dont l'enseignante construit des normes de relations sociales, d'espace à vivre, d'idéal du corps et de l'individu, la visibilité de soi, de l'être, de l'agir en EPS pour les élèves filles et garçons, en relation avec ses normes propres[36].

Curriculum réel, curriculum caché et apprentissages

Intéressons-nous maintenant aux contenus didactiques des séances. La description des situations proposées à l'apprentissage des élèves montre quelques glissements qui conduisent soit à une rupture de contenu didactique, soit à une différenciation (non anticipée) des apprentissages selon le sexe des élèves.

- *Rupture de contrat didactique en acrosport : entrer dans la performance*

Ce premier exemple est prélevé dans le corpus d'observation de la séance d'acrosport observée auprès de la classe de Seconde. Le déroulement de la séance propose essentiellement aux élèves la création d'un enchaînement de figures acrobatiques répertoriées pour une réalisation de groupe. Chaque figure correspond à un code prédéfini. L'ensemble des figures de l'enchaînement doit être varié, sans répétition, visant à montrer les qualités gymniques, chorégraphiques et acrobatiques des élèves. Nous assistons donc à une séance de création, où chaque groupe sélectionne des figures, tente leur réalisation, imagine des éléments chorégraphiques entre les figures afin de les relier entre

---

[36] Pour approfondir sur le rôle du langage, Searle, 1972.

elles, tout en permettant l'activité de tous les élèves. Les filles sont plutôt actives, elles tentent les différentes figures dans une ambiance ludique, joueuse, amicale, « entre copines ». L'enseignante passe entre les groupes, observe, fait des remarques visant à améliorer les propositions d'enchaînement. Les figures réalisées ont un relief plutôt plat, les élèves se positionnent souvent sur un seul niveau, dans une sorte de « chaîne » acrobatique et gymnique. Ce type de figure est reconnu dans le codage de l'activité acrosport. Cependant les qualités acrobatiques, notamment de type prise de risque y sont incontestablement moindres que dans les figures à étages, de hauteur plus élevée, de type « pyramide », dans lesquelles des élèves voltigeurs reposent en équilibre sur des élèves porteurs. L'élévation de la figure peut varier d'une demi hauteur à une hauteur entière quand les élèves voltigeurs se positionnent sur les épaules des porteurs eux-mêmes debout. Ce type de figures est plus difficile à réaliser car les appuis des différents acteurs doivent permettre le maintien en équilibre de la figure qui comporte des risques plus importants d'instabilité, donc de chute potentielle. Ce type de figure est davantage valorisé dans le code de référence de l'activité acrosport, car il est plus proche d'une véritable performance acrobatique[37]. Or, en toute fin de la séance observée, au moment de la démonstration par chaque groupe des productions du jour à la classe (sorte de répétition), l'enseignante annonce que l'enchaînement devra comporter au moins deux figures de type pyramide pour être valide. L'analyse des relevés didactiques amène, ici, à pointer un changement du contrat évaluatif glissant vers une survalorisation inattendue des normes sportives de type acrobatique, en toute fin de séance. En effet, le nouveau contrat didactique en vigueur pour l'évaluation suggère de sélectionner pour les enchaînements des éléments relevant davantage de la performance physique et acrobatique. Cet énoncé contredit les réalisations conçues par les filles au cours de la séance, alors que les figures réalisées sont également validées par le code de référence. Aucun texte institutionnel n'établit ce type de recommandation, on

---

[37] L'apprentissage de ce type de figure prend soin de garantir la sécurité physique et psychique des élèves.

peut donc penser que cette décision a été prise par l'enseignante de son propre chef.

- *Gestion différenciée des réalisations des filles et des garçons en danse*

Ce deuxième exemple est pris dans le corpus d'observation de la séance de danse de la classe de sixième. L'enseignante propose une succession de situations d'expression corporelle avec des modalités de travail en duos. Les duos sont opérés librement par les élèves. Nous constatons, pour l'ensemble de la classe, un appariement par sexe ce qui provoque la constitution d'un trio de garçons. Un travail de recherche par groupe (duos ou trio) suivi d'une démonstration devant la classe clôt la séance. Nous portons particulièrement notre attention sur ce temps de démonstration, révélateur d'un phénomène déjà repéré antérieurement de différenciation de la validation par l'enseignante du travail effectué lors de la phase d'apprentissage selon le sexe des élèves (Couchot-Schiex & Trottin, 2005). Pour utiliser le langage didactique, on peut parler d'un effet Jourdain par lequel l'enseignant reconnaît et valide une réponse de l'élève comme étant celle attendue alors qu'elle n'en comporte que des prémices.

Antérieurement dans la séance, l'enseignante a amené les élèves à construire un enchaînement devant respecter différents critères précis et reconnus par tous. Elle insiste, par exemple, sur l'originalité, l'enchaînement des différents éléments chorégraphiques, la mémorisation, l'impression d'ensemble (réalisations simultanées). Les élèves sont engagé.e.s à respecter ces différents critères lors de leur passage devant la classe pour la démonstration et l'évaluation de leur prestation dansée. L'enseignante évalue les présentations de chaque groupe d'élèves et prend soin d'alterner les groupes de filles et de garçons. Lors de ces passages obligatoires, nous relevons les interactions verbales que l'enseignante adresse aux élèves à l'issue de leur passage.

Filles :
– « on n'a pas le temps de recommencer… les consignes sont respectées »
– « tenez la position finale plus longtemps »
– « c'est bien, les déplacements sont originaux… c'est comme Mohammed c'était bien » (élève du groupe de garçons qui a précédé)
– « c'est bien, on enchaîne vite. Elles ont répété ! »
– « elle ne veut pas passer ? c'est pas grave, elle boude »
– « c'est pas assez long, le début est bien ! Là c'est original »
Garçons :
– « concentrez-vous…il y a de bonnes choses… (trio) eux, c'est encore plus compliqué, ils sont trois » (l'enseignante ajoute de nombreux autres feedback)
– « il y a de bonnes choses, mais ils ne répètent pas assez »
– « Mohammed a plein, plein d'idées ! »
– « c'est original, il y en a qui ont rigolé, ils le savent »

Tableau 3. Relevé des verbalisations adressées aux filles et aux garçons de la classe de sixième (activité danse)

Le relevé des verbalisations de l'enseignante permet de constater que les filles ne bénéficient que de peu de *feedback* sur la qualité de leur réalisation. Les rétroactions portent sur deux thèmes : le respect des consignes et des critères exigés par l'enseignante et la durée, mais pour annoncer « qu'elles doivent faire vite » (pour laisser la place au groupe de garçons suivant ?). Les garçons sont eux valorisés pour leurs idées, leur originalité, excusés car c'est « difficile » pour eux. Outre ces remarques verbales, nous décelons dans les retours évaluatifs émis par l'enseignante un effet Jourdain pour les prestations des groupes de garçons. En effet, l'enseignante accepte et valide les prestations réalisées alors que tous les critères ne sont pas respectés ou que les démonstrations restent insuffisantes.

Les différences dans la gestion des apprentissages des filles et des garçons de la classe sont révélatrices du *curriculum* caché. C'est à l'insu des acteurs de la situation, élèves et enseignante, que se met en œuvre la différenciation des sexes qui amène à une valorisation des garçons et une moindre valorisation des filles lors de cette séance de danse. Ce résultat est cohérent avec les résultats antérieurs déjà mis en évidence dans le cadre spécifique des activités artistiques et d'expression.

Discussion : un hiatus entre sport/ activités dites féminines/ culture scolaire (EPS)

À travers ces exemples, il semble indéniable qu'enseignante et élèves agissent et interagissent à l'intérieur d'un espace-temps scolaire porteur de contradictions. Il faut tout d'abord reconnaître le contexte scolaire au sens large comme un lieu de socialisation dans lequel les processus socialisateurs sexués sont aussi fortement affirmés que dans d'autres lieux de socialisation. L'école n'est pas neutre ! C'est un lieu à fort enjeu, porteur de l'avenir scolaire, puis professionnel et social des individus. Il prépare aussi bien à l'acquisition d'un diplôme qu'à des attitudes et comportements conformes aux attentes sociales. Dans cet environnement, les deux sexes sont traités de manière différenciée, souvent plus défavorable aux filles. Nous avons pu rendre visible quelques éléments du curriculum caché qui participent du processus de socialisation sexuée en EPS, soit par le relevé des injonctions verbales de l'enseignante, soit par la mise en évidence de la redéfinition des tâches scolaires d'apprentissage ou d'évaluation. En bref, pour être reconnues bonnes élèves, les filles doivent se conformer aux attentes de l'enseignant.e : répondre aux critères de la tâche scolaire, se comporter socialement et corporellement selon les normes de féminité. Pour autant, on peut parler de double contrainte car il leur faut, tout en se conformant à ces injonctions féminines, rester également dans le cadre sportif porté par l'EPS qui fait la part belle à la performance, donc être à la fois « jolie » mais acrobatique, tout cela restant soit prescriptif (l'exemple de l'évaluation en acrosport), soit implicite (l'exemple de la danse). Double contrainte ou double peine, car peut-on vraiment gagner le 100 mètres en jupe serrée et talons hauts ? « L'environnement scolaire, comme lieu de socialisation, rappelle ainsi aux filles que si elles veulent être perçues comme féminines, il leur faut prendre soin des garçons, ne pas blesser leur susceptibilité, masquer toute velléité de compétition individuelle. » (Duru-Bellat, 2011, p.7).

Cette double contrainte semble même s'alourdir d'une dimension paradoxale supplémentaire autour des activités dites ou reconnues comme féminines. Ces activités sont à observer avec attention en EPS. Au-delà de la difficulté à les faire figurer dans les programmations annuelles soumises aux élèves, au-delà des difficultés à les enseigner aux garçons sans les dénigrer, ni les dénaturer, il semble que les enseignant.e.s eux/elles-mêmes vivent ces apprentissages scolaires en ayant bien du mal à tenir en même temps les aspects expressifs et les aspects sportifs (Garcia, 2005). En résumé, comment permettre aux élèves de s'exprimer tout en étant performants ? On reproche facilement aux filles de trop exprimer sans s'attacher à la performance et aux garçons d'être performants mais navrants dans la pauvreté de l'expression corporelle. Plus finement encore, nombreux sont les enseignant.e.s qui jugent que les créations des filles manquent d'originalité ou que leurs attitudes restent peu esthétiques (elles n'ont pas encore la maîtrise des « talons hauts ») sans leur donner les moyens de construire une véritable corporéité esthétique. En effet, elles sont supposées être « naturellement » féminines, donc à l'aise avec les aspects expressifs de leur corps et avec l'imaginaire, la créativité. Pour autant ils/elles jugeront dans le même temps que leurs enchaînements (gymniques ou dansés) ne montrent pas de difficultés acrobatiques ou gymniques suffisantes pour répondre à la codification sportive de ces activités dans le cadre scolaire. Bref, l'écheveau de ces contradictions et paradoxes peut paraître enchevêtré de manière infiniment complexe.

Que faire de ces résultats du point de vue de la formation des enseignant.e.s ?

Il ne s'agit pas de révolutionner l'école, mais notre position de formatrice et d'enseignante nous conduit à faire quelques propositions pragmatiques.

D'abord, pour « révéler » le curriculum caché notamment pour ce qui concerne l'action de l'enseignant.e, les interactions verbales et non verbales, l'analyse de la pratique passe par l'enregistrement vidéo ou audio d'une séance. Bien sûr, cet exercice reste peu aisé, non seulement en raison des contraintes matérielles qu'il implique mais aussi parce qu'il risque (c'est le but recherché) de révéler des attitudes, comportements, discours que l'on préfère parfois ignorer. Cela reste pourtant un excellent outil, mais seulement un outil. Il ne suffit pas à changer les pratiques insidieuses qui nécessitent un accompagnement spécifique. Des stages de formation des enseignant.e.s semblent donc indispensables, pour permettre une véritable avancée des pratiques professionnelles. On ne peut alors que déplorer la rareté des possibilités d'analyses de pratique adoptant cet angle de vue des normes de la socialisation sexuée.

Ensuite, l'école n'est pas neutre ! Nul ne peut faire l'économie d'une réflexion sur sa représentation, sa vision de la mixité. Comment les deux catégories de sexe sont-elles pensées ? Quelles implications cela entraîne-t-il ? Les catégories dualistes et les oppositions binaires ont montré leur limite et leur inefficacité, il faut faire évoluer l'idée d'une complémentarité des individus des deux sexes. Ainsi « le vivre ensemble qui renforce les rôles des filles et des garçons avec l'idée du respect de ces rôles différenciés est souvent ce qui permet une bonne gestion de la mixité au quotidien de la classe, mais nous le craignons, renforce les stéréotypes » (Coltice & Couchot-Schiex, 2010). La référence au genre (*gender*) est une possibilité qui permet de faire évoluer le cadre de la différenciation sexuelle vers des constructions identitaires plus ouvertes : « On construit son genre avec/contre les autres, par des expériences permises ou interdites où le masculin et/ou le féminin sont présents comme paramètres d'incorporation possibles ». En EPS, les rôles, les comportements, les apprentissages, les activités proposées aux élèves chercheront à éviter la hiérarchisation ou l'enfermement dans des attendus sociaux masculins et/ou féminins. Nous faisons le pari que c'est par l'apprendre-ensemble et le vivre-ensemble que les filles et les garçons expérimenteront collectivement de nouvelles expériences corporelles, scolaires, sociales et sportives plus ouvertes et plus respectueuses de l'individu. Dans ce but, l'enseignant.e doit être reconnu/e dans sa mission d'éducation et dans sa responsabilité de transmission des savoirs y compris en EPS. Un.e enseignant.e formé.e aux implications de la dimension sexuée dans le milieu scolaire sera outillé.e pour une pratique professionnelle volontariste et éclairée lui permettant de faire vivre des expériences corporelles, sensibles, sportives, multiples dans une réelle mixité, dans un but d'égalité et de respect de tous les élèves, filles et garçons.

Bibliographie

Austin, J. L. (1970). *Quand dire c'est faire.* Paris : Seuil. (Œuvre originale publiée en 1955).

Collet, I. (2009). Les filles toujours fâchées avec les sciences ? *Les cahiers pédagogiques, 476.* En ligne : http://www.cahiers-pedagogiques.com/spip.php?article6482 (consulté le 15 septembre 2011.)

Coltice, M. (2005). Danse et Identité de genre en EPS. Dans G. Cogérino, *Filles et garçons en EPS.* Paris : Éditions Revue EPS.

Coltice, M. & Couchot-Schiex, S. (2010). Apprendre ensemble, filles et garçons, en EPS. *Les cahiers du CEDREPS,* 39-48.

Combaz, G. (1992). *Sociologie de l'éducation physique. Évaluation et inégalités de réussite,* Paris : Presses universitaires de France.

Combaz, G. & Hoibian, O. (2007). La construction scolaire des inégalités entre filles et garçons. Le cas de l'éducation physique et sportive dans le second degré en France. *Actualité de la Recherche en Éducation et formation.*

Combaz, G. & Hoibian, O. (2009). La légitimité de la culture scolaire mise à l'épreuve. L'exemple de l'éducation physique et sportive dans le second degré en France. *Éducation et Sociétés,* Bruxelles : De Boeck Université.

Couchot-Schiex, S. (2011). *Contribution à l'étude des effets du genre de l'enseignant d'EPS. Analyse dans trois APSA : handball, badminton, gymnastique,* Thèse en sciences de l'éducation, Université Lumière Lyon 2, 2005 (publiée aux Éditions Universitaires Européennes, Sarrebruck).

Couchot-Schiex, S. & Trottin, B. (2005). Interactions enseignants/élèves en EPS : variations en fonction du sexe et du genre. Dans G. Cogerino (Ed.), *Filles et garçons en EPS.* Paris : Éditions Revue EPS.

Darmon, M. (2006). *La socialisation.* Paris : Armand Colin.

Davisse, A. (1995). Turbulences des garçons, simulacre des filles. *Dialogue, 2*, 37-40.

Duru-Bellat, M. (1990). *L'école des filles, quelle formation pour quels rôles sociaux.* Paris : L'Harmattan.

Duru-Bellat, M. (2004). École de garçon et école de fille. *Diversité, ville, école, intégration, 138*, 65-72.

Duru-Bellat, M. (2011). Les filles réussissent mieux à l'école, mais… *Alternatives Économiques, Hors Série 51.*

Garcia, M.-C. (2005). Le genre de la danse hip hop en EPS. Dans J. Saint-Martin, & T. Terret, (Eds.), *Sport et genre. Apprentissage du genre et institutions éducatives* (vol. 3). Paris : L'Harmattan.

Jarlegan, A. (1999). *La fabrication des différences : sexe et mathématiques à l'école élémentaire*, Thèse en sciences de l'éducation, Université de Dijon.

Mazzacavallo, C. (1997). *L'appartenance sexuelle des enseignants et l'organisation des contenus d'enseignement*, DEA STAPS Université Claude Bernard Lyon 1, non publié.

Mosconi, N. (1994). *Femmes et savoir. La société, l'école et la division sexuelle des savoirs.* Paris : L'Harmattan.

Mosconi, N. & Loudet-Verdier, J. (1997). Inégalités de traitement entre les filles et les garçons. Dans C. Blanchard-Laville, *Variations sur une leçon de mathématiques.* Paris : L'Harmattan.

Searle, J. (1972). *Les actes de langage.* Paris : Hermann.

Terret, T., Cogérino, G. & Rogowski, I. (2006). *Pratiques et représentations de la mixité en EPS.* Paris : Éditions Revue EPS.

Vigneron, C. (2004). *La construction des inégalités de réussite en EPS au baccalauréat entre filles et garçons.* Thèse en sciences de l'éducation, Université de Bourgogne.

Vigneron, C. (2006). Les inégalités de réussite en EPS entre filles et garçon : déterminisme biologique ou fabrication scolaire ? *Revue Française de Pédagogie, 154*, 111-124.

Chapitre 6
Femmes ? Genre ? Mixité ?
Quelles nouvelles perspectives pour l'enseignement de l'histoire

Muriel Salle
Maîtresse de Conférences en Histoire
Université Claude Bernard Lyon 1
IUFM de l'académie de Lyon, CRIS

Fanny Gallot
ATER, Université Claude Bernard Lyon 1
IUFM de l'académie de Lyon, LARHRA

Introduction

La question du genre et de son enseignement a fait débat au cœur de l'été 2011. Conformément à une circulaire du 30 septembre 2010, il est prévu d'intégrer aux programmes de sciences de la vie et de la terre de Première un chapitre intitulé « Devenir homme ou femme ». Pour les organisations catholiques, ces nouveaux programmes de biologie qui semblent montrer – enfin ! – aux lycéens que l' « on ne naît pas femme [ou homme], on le devient » sont dangereux parce qu'ils contestent les différences homme / femme. Qu'en est-il réellement ?

Pour présenter aux lycéens cette perspective dynamique du devenir homme ou femme, on s'attache d'abord et avant tout à l'étude de « la mise en place des structures et de la fonctionnalité des appareils sexuels [qui] se réalise sur une longue période qui va de la fécondation à la puberté, en passant par le développement embryonnaire et fœtal »[38], ce qui paraît être difficilement contestable. Il s'agit d'abord de « caractériser à partir de différentes informations et à différentes échelles un individu de sexe masculin ou de sexe féminin », ce qui n'est pas une mince affaire puisque le sexe biologique, comme presque tous les traits biologiques complexes, se présente en continuum avec,

---

[38] *Bulletin officiel* spécial n° 9 du 30 septembre 2010.

sur ses extrêmes, les « sexes biologiques » bien définis et, au milieu, une multitude de formes intermédiaires. En cela, il s'oppose d'ailleurs au sexe social, bien plus clairement construit sur le modèle binaire qui distingue masculin et féminin. Mais d'un point de vue strictement biologique, il apparaît que le sexe est indéterminé. Voilà une conception particulièrement subversive qui, quoi que du domaine de l'impensé, n'est pas de l'ordre de l'impensable : il n'est qu'à établir un parallèle entre la question de l'identité de sexe et celle de l'appartenance « raciale ». Plus personne ne conteste aujourd'hui que cette dernière est caduque puisque les races n'existent pas en tant que catégories biologiquement définies, mais que les différences entre individus sont de l'ordre du continuum.

Mais les difficultés ne s'arrêtent pas là pour les professeur.e.s de sciences de la vie. Il leur faut encore « expliquer, à partir de données médicales, les étapes de différenciation de l'appareil sexuel au cours du développement embryonnaire »[39]. Or, aux tous premiers stades de leur développement, tous les vertébrés passent par un état initial d'indifférenciation sexuelle. C'est l'exposition postérieure de cet organisme en construction initialement asexué à des variations hormonales qui le constitue en « mâle » ou « femelle ». Il faudra donc bien expliquer aux élèves que la différence des sexes n'est pas un donné, mais bien une construction, fût-elle « naturelle ».

Pire, il s'agira pour finir de « différencier, à partir de la confrontation de données biologiques et de représentations sociales ce qui relève de l'identité sexuelle [d'une part], [des] rôles en tant qu'individus sexués et de leurs stéréotypes dans la société, qui relèvent de l'espace social [et ce qui est de l'ordre] de l'orientation sexuelle qui relève de l'intimité des personnes »[40]. On invite donc les enseignant.e.s à ouvrir la boîte de Pandore du privé, pour y renfermer bien vite la question de l'orientation sexuelle dont on peut, du coup, douter qu'elle sera réellement abordée en classe. Surtout, on invite les élèves à confronter

---

[39] B.O. 2010.
[40] Ibid.

« données biologiques » et « représentations sociales », en posant donc le postulat que les premières ne relèvent pas des secondes. Les savoirs sont produits en société, il faut donc regarder au-delà de ce qui nous est donné comme « naturel » par les scientifiques, pour étudier les processus grâce auxquels ces derniers transforment des observations, des comportements fortement structurés par le social, en phénomènes naturels. L'histoire a, ici, un rôle essentiel à jouer. Et sans doute le chapitre du programme de Première qui fait débat gagnerait-il à être enrichi d'une approche d'histoire des sciences, afin que les élèves soient amenés à considérer le corps comme une notion historique. À ce titre, la circulaire du 30 septembre 2010 ne va pas assez loin. De même que la bipartition sexuée n'est pas mise en question, la question des intersexes n'apparaît en réalité qu'en filigrane. En revanche, la dimension sociale – donc culturelle et variable – de l'identité sexuelle et des rôles de sexes est soulignée. Dans les années 1970, les historiennes des femmes s'interrogeaient sur l'historicité de l'expérience que font les femmes de leurs corps, montrant alors que notre perception du corps féminin est sujette à des changements historiques. « Nous ne pouvons pas parler du corps féminin comme si c'était une présence invariante tout au long de l'histoire », affirment encore en 1990 Mary Jacobus, Evelyn Fox Keller et Sally Shuttleworth (p.12). Engagés sur la même voie, les anthropologues ont pu souligner que les perceptions d'un corps donné sont liées à la culture et qu'il existe donc une diversité des expériences corporelles, en lien avec la diversité des cultures. Les représentations que les femmes se font de leur corps varient d'une culture à l'autre, et même au sein d'une culture en fonction des contextes économiques et sociaux (Martin, 1987). Il y a donc bien là matière à faire de l'histoire, et pas seulement de l'histoire des femmes, mais bien une histoire mixte, et une histoire du genre qui mesure aussi les variations des normes de virilité, parce qu'aujourd'hui les femmes ne sont plus le seul vrai objet des préoccupations scientifiques, qu'elles soient historiques ou biologiques. Il s'agit en effet désormais de comprendre que la catégorie « femmes » n'est pas une donnée intangible et immuable, que les normes qui y sont afférentes sont construites. Mesurer la manière dont cette catégorie s'est constituée dans l'histoire, quels ont été les enjeux matériels et discursifs qui ont conduit à l'élaboration de certaines normes plutôt qu'à d'autres, permet de faire réfléchir les élèves à la naturalisation des normes qui s'opère dans la société. Cela permet aussi de s'interroger sur le rapport qu'entretiennent les identités et l'universel. Autant de questionnements nécessaires à la formation du/de la citoyen.ne.

Les avancées récentes dans la mixité

En 2004, Annette Wievorka présentait une étude pour le conseil économique et social dans laquelle elle reprenait les premiers bilans de « l'état actuel de l'intégration des femmes dans les programmes et les manuels d'histoire et des initiatives prises pour la favoriser » (Wievorka, 2004, p.20) qui avaient été présentés lors du colloque « Apprendre l'histoire et la géographie à l'école », du 12 au 14 décembre 2002. Elle y citait Michelle Zancarini-Fournel montrant que les programmes du moment offraient « de nombreuses possibilités implicites » (Wievorka, 2004, p.21) si les enseignant.e.s « intègrent les finalités assignées aux enseignements d'histoire » même s'ils restaient explicitement « discrets ». Ces implicites renvoient aux ambitions globales des programmes qui concourent « à la construction de l'identité de chaque élève, à la formation de citoyen-ne-s capables d'analyser des situations » (Zancarini-Fournel, 2004).

Aujourd'hui, si les implicites perdurent, les références explicites se sont développées. Par exemple, les programmes d'histoire pour la classe de Cinquième du 28 août 2008 prennent soin de préciser systématiquement la présence d'hommes et de femmes, qu'il s'agisse d'étudier « paysans et seigneurs » ou « la place de l'église ». Ainsi, certaines académies proposent des séquences autour d'Hildegarde de Bingen[41] comme « grand personnage religieux ». D'autres offrent de très nombreuses ressources documentaires (Rouquier et Attali, 2004). De la même façon, des enseignant.e.s multiplient des pistes pédagogiques faisant apparaître des femmes. Ainsi, à l'occasion de la

---

[41] C'est le cas de l'académie de Reims. En ligne [http://www.ac-reims.fr/datice/hist-geo/college/histoire/hist_5/place_egl/pl_eglise.htm]

mise en œuvre du nouveau programme de Quatrième, Hayat El Kaaouachi s'intéresse à Emilie du Châtelet : « L'enjeu essentiel sera bien de poser avec les élèves en quoi le parcours de Madame du Châtelet, née en 1706, témoigne à la fois des progrès et des lenteurs du siècle des Lumières. Au-delà de l'occasion qu'elle offre de comprendre les Lumières comme une nouvelle "République des lettres", qui fut un ferment de la contestation du pouvoir politique (ce que l'on approfondit dans le dernier thème de ce chapitre), on appréciera que cette leçon soit l'occasion de donner à une femme le rôle principal et, bien plus que de faire de l'histoire des femmes, de poser la notion de genre en histoire (le sexe comme marqueur biologique et le genre comme organisation sociale de cette différence) » (El Kaaouchi, 2010). En outre, Blanche de Castille est nommément citée parmi les « personnages significatifs de la construction de l'État en France » dans le thème 2 de ce même programme qui porte sur les « féodaux, souverains, premiers états ». Ces exemples sont tout à fait intéressants. Les femmes ne sont pas ici des sujets à part dans une séquence. Elles interviennent parmi d'autres exemples masculins, à égalité. Et c'est bien là que réside tout l'enjeu d'une histoire mixte.

Pour autant, cette progression de la mixité ne se fait pas de façon linéaire. En effet, les programmes du cycle 3 à l'école primaire présentent quand à eux des reculs certains à ce propos par rapport aux précédents programmes. Si les programmes de 2002 prévoyaient, parmi les points forts proposés, l'étude de « l'inégalité entre l'homme et la femme, exclue du vote et inférieure juridiquement » au XIXe siècle, seules deux références féminines apparaissent dans les programmes de 2008 (Jeanne d'Arc et Marie Curie) ainsi qu'une date, celle de 1945 pour l'acquisition du droit de vote des femmes. L'erreur est, en elle-même, révélatrice du peu d'intérêt porté à la question.

Concernant les manuels scolaires, les femmes y sont encore très peu présentes comme le souligne Sabrina Sinigaglia-Amadio :

Seule Louise Michel apparaît comme figure active et individuelle dans l'un des manuels dans un chapitre sur la Commune de 1871. Il arrive que les manuels soulignent l'action collective des femmes mais uniquement dans des chapitres réservés concernant « les femmes dans la résistance » ou « l'évolution des droits des femmes » par exemple. Le reste du temps, elles apparaissent dans des rôles et statuts qui leur sont traditionnellement dévolus. Elles sont alors icônes ou emblèmes – telles Marianne ou La République guidant le peuple de Eugène Delacroix – ou encore déesses grecques, romaines, etc. Ailleurs, elles apparaissent en tant que « fille de », « femme de » ou « mère de », par exemple dans « La Sainte famille avec St Jean et Ste Élisabeth » de Nicolas Poussin ou dans « Napoléon et sa famille (Joséphine de Beauharnais et Letizia, mère de Napoléon) » de Jules Girardet. Sinon, on rencontre les femmes, sur un mode ordinaire, entourées d'enfants à travers des représentations, tantôt d'une famille bourgeoise anonyme du XVIIe ou XIXe siècle, tantôt d'une famille plus célèbre ou encore à travers un graphique présentant le nombre d'enfants par femme. Enfin, elles apparaissent en tant que séductrices, à travers des estampes, des peintures, etc. (par exemple La Bouillotte de Jean-François Bosio).[42]

Il faut cependant prendre note d'un certain nombre d'évolutions récentes qui vont dans le sens d'une plus grande mixité. L'étude de trois manuels de Première, sortis à la rentrée 2011, est à ce titre révélatrice. En effet, si le nombre de biographies de femmes répertoriées en fin d'ouvrage reste très restreint[43], de même que le nombre de textes dont elles sont les auteurs (environ une dizaine sur l'ensemble du manuel en moyenne), elles n'apparaissent plus seulement dans le cadre de dossiers à part[44], mais bien dans le corps de certains cours (en particulier celui

---

[42] Sabrina, Sinigaglia-Amadio, Place et représentations des femmes dans les manuels scolaires en France, *Nouvelles Questions Féministes*, 2010, p.54

[43] Magnard : 5 biographies de femmes sur 53 au total (Marie Curie, Françoise Giroud, Germaine Tillion, Emilie Tillion, Simone Veil) ; Nathan : 3 biographies sur 45 (Simone de Beauvoir, Simone Weil, Simone Veil) ; Bordas : 3 sur 44 (la reine Victoria, Simone Veil, Simone de Beauvoir).

[44] « La place des femmes dans la vie politique et sociale de la France au XXe siècle » est inscrite au nouveau programme de Première, ce qui conduit les manuels à proposer une partie spécifique et des dossiers *ad hoc*.

sur les mutations de la population active en France depuis 1850) et dans des corpus documentaires variés. C'est ainsi que, lorsqu'il est question de la Résistance ou des mondes ouvriers, des exemples de femmes résistantes (Germaine Tillion, Emilie Tillion, Marie-Claude Vaillant Couturier, etc.) ou de grèves d'ouvrières (Lip, des occupations d'usines par des ouvrières en 1936 ou encore la célèbre photographie de Rose Zehner, ouvrière et déléguée syndicale de Citröen-Javel, exhortant ses compagnes à la grève en 1938, prise par Willy Ronis en mars 1938) sont mis en avant. En outre, dans les dossiers d'histoire des arts, des femmes sont également évoquées. Le manuel Nathan revient par exemple sur la façon dont les « créateurs de mode ont libéré le corps de la femme au XXe siècle » avec les exemples de Coco Chanel, qui « raccourcit les longueurs » ou d'Yves Saint-Laurent, qui crée le « tailleur-pantalon » en 1966. Cependant, ces exemples restent relativement marginaux.

Ainsi, si elles n'apparaissent pas encore autant et de la même manière que les hommes, les femmes sont de plus en plus présentes dans les consignes institutionnelles et les manuels qui s'y rapportent. Pour autant, il nous semble important, non plus seulement de donner une visibilité aux femmes dans l'histoire, mais de comprendre comment les catégories du masculin et du féminin ont été forgées, quelles normes de genre ont été reprises à quel moment et pour quelles raisons. Telle est, entre autres, l'ambition du manuel proposé par l'association Mnémosyne, *La place des femmes dans l'histoire, une histoire mixte* (Mnémosyne, 2010).

Le genre, catégorie utile pour l'enseignement de l'histoire

On l'a dit, les femmes ont bien désormais une place dans l'enseignement de l'histoire. Dans les programmes comme dans les manuels scolaires leur légitimité ne semble plus faire question. Mais introduire les femmes dans la discipline historique n'est pas tout à fait faire une place au genre. L'épistémologie de la discipline le montre bien. La sortie de l'universel masculin qui s'opère dans le courant des années 1970 en histoire, conséquence du surgissement des femmes dans un récit jusqu'alors unisexe, lui fait courir de nouveaux risques qu'Arlette Farge pointait dès 1984 : le cloisonnement, la « ghettoïsation » de femmes présentes dans les programmes et les manuels mais toujours à côté, jamais tout à fait avec leurs homologues masculins. Il ne s'agit plus seulement de faire de l'histoire des femmes pour elles-mêmes, histoire de leurs heurs et de leurs malheurs, de leurs aspirations, qu'elles soient actrices ou agents reconnus de l'histoire. Il faut aussi s'interroger sur les constructions sociales du sexe, l'évolution des relations socioculturelles entre hommes et femmes. C'est l'un des intérêts de l'introduction du concept de « genre » en histoire, concept dont il faut toutefois donner une définition claire et ferme pour pouvoir en cerner toutes les implications[45]. Ce préliminaire paraît d'autant plus indispensable que « pour le moment (ce terme) joue surtout le rôle d'un label » (Chaperon 2003), dont le succès récent a d'ailleurs de quoi surprendre[46], une étiquette commode mais, hélas, souvent vidée de son sens.

L'histoire du genre n'est pas une appellation neuve de l'histoire des femmes, pas plus qu'elle n'est une histoire des hommes et des femmes. Elle est plutôt l'histoire des représentations bipolaires du monde et, secondairement, de l'incorporation de ces représentations par les acteurs sociaux. Utiliser le concept de « genre » dans le cadre de l'enseignement de l'histoire c'est donc postuler la construction culturelle et historique des identités sexuées et, plus généralement, le caractère particulièrement prégnant de la division du monde sur la base d'un partage entre ce qui est réputé masculin et ce qui est réputé féminin.

Quelles inflexions majeures sont amorcées par l'introduction du concept de « genre » dans l'enseignement en histoire ? Le re-

---

[45] Joan W. Scott définissait le genre dès 1988 comme « un élément constitutif des rapports sociaux fondé sur des différences perçues entre les sexes, (…) un outil pour penser la différence des sexes, résultat d'une construction » (Scott, 1988).

[46] Rappelons que le terme n'apparaît que très timidement dans les publications de langue française. Le premier ouvrage qui l'inclut dans son titre est l'ouvrage édité par Véronique Mottier, *Genre et politique. Débats et perspectives*, paru en 2000 chez Gallimard.

cours au genre entraîne en premier lieu un déplacement du regard, des femmes vers la conjonction hommes et femmes, la comparaison des sexes, le questionnement de leurs normes avec les élèves. L'étude de l'épopée homérique permet de souligner comment, chez Homère, l'expression de la douleur n'est pas l'apanage du féminin et combien les larmes d'Achille pleurant Patrocle sont viriles[47]. Et l'on peut sortir d'une histoire victimisante en envisageant le rôle joué par certaines femmes dans la guerre d'Algérie[48]. C'est l'occasion de montrer des femmes qui prennent les armes, et de souligner avec les élèves que le masculin n'a pas l'exclusivité de la violence. C'est le moyen surtout de montrer des femmes actrices de l'histoire et maîtresses de leur destinée, au même titre que les hommes. En second lieu, le recours au concept de « genre » dans l'enseignement de l'histoire implique un déplacement de l'attention des sujets – les acteurs, qu'ils soient individus ou groupes sociaux – vers les processus de « genrisation » et la création du masculin et du féminin, processus modelant et hiérarchisant les individus selon leur sexe, dans lesquels interviennent toutes sortes de régulations sociales : l'État (par le biais des politiques de l'emploi, de la famille…), les codes civils ou pénaux (produisant des discriminations durables, et instaurant l'institution du mariage), l'école publique, les religions, les sciences, etc. Ce faisant, on permet aux élèves de comprendre tout le sens de la formule beauvoirienne selon laquelle « on ne naît pas femme, on le devient » au terme d'une construction culturelle qui peut donc être défaite, ou ré-agencée, et que l'on peut bien sûr également traduire au masculin. Pour les associations familiales catholiques qui sont montées au créneau au cours de l'été 2011 cette perspective constructiviste est déstructurante. Ne peut-on pas au contraire estimer qu'elle est profondément libératrice ? Le double glissement – des femmes vers la différence des sexes d'une part, des acteurs vers les processus d'autre part – est en

---

[47] Sur ce point, on renvoie au dossier proposé par Florence Gherchanoc : « Masculin et féminin dans l'épopée homérique » (Mnémosyne, 2010, p.20).
[48] Dossier de Pascale Barthélémy, « Les femmes dans la guerre d'Algérie » (Mnémosyne, 2010, p.363-366).

effet contemporain d'une remise en question beaucoup plus générale dans les sciences humaines, et notamment dans l'histoire. « Les grands sujets collectifs (la classe ouvrière, la bourgeoisie, la paysannerie, les hommes et les femmes) et même la notion de sujet en soi ne fonctionnent plus » (Chaperon, 2005, p.19). On insiste désormais sur les divisions internes, les déterminations multiples d'identités qui sont fluctuantes à l'infini selon les infinies variations du contexte. Il semble que cela autorise toutes les libertés.

Il est donc nécessaire de changer de paradigme et de passer, dans l'histoire enseignée, de celle « des femmes » à celle du genre. Cela permet en effet de couper court à un certain nombre de critiques considérant que féminiser le récit historique revient à construire une histoire communautariste susceptible de mettre en cause l'universalisme[49] républicain, ce qui semble aller à l'encontre de la mission de l'enseignant, consistant à transmettre à tous une culture et un patrimoine communs. Réaffirmons-le toutefois après Annette Wievorka, « assimiler les femmes à une existante ou possible communauté mettant en péril l'unité de la République ne résiste pas à l'examen » (Wievorka, 2004, p.13). Ce peut être en revanche l'occasion pour les enseignant.e.s de repenser le rapport que nous avons, en France, à la multitude de communautés constitutives de la communauté nationale, qu'elles soient ethniques ou de sexe. Et si, leur donner une place véritable passait par l'enseignement de leurs histoires spécifiques ? C'est sans doute une des raisons pour lesquelles convoquer l'histoire des femmes et du genre, c'est rencontrer un certain nombre des difficultés caractéristiques d'autres objets d'enseignement dits « sensibles » (Lucas, 2009, p.14). Mais l'histoire nationale n'est pas plus susceptible de « balkanisation » que les individualités ne sont solubles dans le sacro-saint universalisme républicain. Peut-être est-il aujourd'hui nécessaire d'admettre que l'histoire nationale est, simplement, plurielle : ce n'est pas dire qu'il faut en enseigner un aspect ou l'autre, à la carte et à discrétion du/de la profes-

---

[49] Sur les liens universalisme, République et féminisme, voir la revue *Le Débat*, n°87, novembre-décembre 1995.

seur.e, mais bien qu'il faut l'enseigner toute entière, en y intégrant les histoires communautaires afin que les groupes dont elles émanent – femmes, mais aussi populations colonisées ou issues de l'immigration, homosexuel.le.s, etc. – trouvent toute leur place dans la communauté nationale, et jusque dans sa mémoire. Utiliser le « genre » dans l'enseignement de l'histoire, c'est faire le choix d'une approche constructiviste dynamique et féconde. C'est montrer aux élèves la diversité des systèmes de socialisation sexuée à l'œuvre à travers les âges, et déconstruire donc leurs stéréotypes de sexes en les confrontant à la pluralité de ces réalités. Souligner ainsi le caractère construit des identités de genre doit permettre aux élèves de concevoir qu'on puisse construire autre chose, c'est leur offrir la possibilité d'exercer leur esprit critique. L'histoire est pour les élèves une source de modèles d'identification individuels et/ou collectifs. Pour les motiver, les professeur.e.s jouent momentanément sur ce ressort qui les rapproche du récit et contribue à faire naître leur volonté d'action sur le monde. En même temps, l'histoire est source de légitimation, cadrant le passé, désignant des « bons » et des « méchants », de bonnes causes et de grandes valeurs. Devenus acteurs, les adultes valident bien des choix et des projets par l'histoire. Y introduire le concept de genre permet donc de mener à bien jusqu'au bout la mission de l'enseignant.e[50].

S'appuyer sur les programmes pour les transformer

Les programmes d'histoire pour les lycées professionnels du 19 février 2009, entrés en application de façon progressive, proposent de façon explicite l'étude des « femmes dans la société française de la Belle époque à nos jours » parmi les 5 sujets d'études en classe de Première. Trois situations sont détaillées : « Louise Weiss et le vote des femmes dans l'entre-deux-guerres », « la scolarisation des filles » et « Simone Weil et le débat sur l'IVG ». Afin d'orienter la question, le programme

---

[50] Officiellement instituée, cette mission repose sur 3 piliers principaux : transmettre à tous une culture et un patrimoine communs, doter les élèves d'une formation intellectuelle et critique, et participer à leur formation civique.

complète : « on étudie la condition féminine au XXe siècle en s'arrêtant sur quelques moments-clés : conquête des droits civils et politiques, maîtrise de la fécondité... On présente l'évolution économique et sociale de la situation des femmes ainsi que les inégalités qui persistent ». Si ce sujet d'étude obligatoire constitue une avancée importante du point de vue de la place des femmes dans l'histoire enseignée, certaines limites sont néanmoins à noter. D'abord, le recours au concept de « condition féminine » pose question dans la mesure où, si « après la Seconde Guerre mondiale, l'importance prise par le marxisme dans les sciences sociales françaises explique le succès du terme condition féminine, toujours rapporté au travail, et décalqué de l'expression condition ouvrière » (Zancarini-Fournel, 2010, p.119), il est largement obsolète aujourd'hui car il renvoie « aux caractéristiques biologiques et en particulier à la maternité, (il) énonce la complémentarité et la spécificité féminine » (Zancarini-Fournel, 2010, p.124). Sans doute est-ce en partie pour cette raison, que ce sujet d'étude, intervenant après celui portant sur « Être ouvrier en France (1830-1975) » nous conduit légitimement à nous demander s'il existait des ouvrières ou si les femmes dans la société française pouvaient être travailleuses. Le programme d'histoire de Première bac professionnel envisage donc la place des femmes comme spécifique en tant qu'elle correspond à une essence, une nature particulière. Utiliser le concept de genre dans ces programmes d'histoire permettrait non pas uniquement de comprendre les combats des femmes mais de mesurer les normes de genre existantes à la Belle Époque, de montrer comment elles s'imposaient aux hommes et aux femmes, ces dernières étant dominées, et comment les un.e.s et les autres pouvaient les intégrer ou les subvertir.

Ainsi, utiliser le prisme du genre dans le sujet d'étude « Être ouvrier en France (1830-1975) » permet de montrer comment la virilité de l'ouvrier se construit et pourquoi le terme « ouvrière » a longtemps été considéré comme un « mot impie, sordide » (Michelet, 1859) conduisant Jules Simon à proclamer : « que la femme, devenue ouvrière, n'est plus une femme » (Simon, 1861). Les normes de genre féminines conduisaient donc les hommes du XIXe siècle à considérer que les « conditions » de femme et d'ouvrière étaient incompatibles. Le discours médical conforte cette approche en naturalisant cette incompatibilité. Sans doute ces normes, qui s'expliquent par des conditions matérielles et idéologiques particulières, ont favorisé de façon corollaire la virilisation des ouvriers que l'appareil législatif a finalement sanctionnée en interdisant, entre autres, le travail de nuit aux femmes en 1892. De la même façon, la dextérité et l'agilité ont longtemps été considérées comme des qualités naturellement féminines s'opposant à la force considérée comme masculine. Les ouvrières ont donc travaillé, à moindre coût, dans l'électronique ou la couture tandis que les ouvriers étaient dans la métallurgie. Pourtant, ces qualités sont bien le fruit d'un apprentissage et les entreprises d'électronique ne s'y trompaient pas lorsqu'elles recrutaient des femmes ayant des CAP couture dans les années 1970. Enfin, « en contradiction avec la représentation de la femme, les ouvrières partagent pleinement la dureté du travail industriel avec les hommes, en particulier sa durée : au moins 10 heures par jour pendant tout le (XIXe) siècle (…). Fatigue, usure des corps, accidents et maladies récurrentes raccourcissent les vies, les femmes subissant plus de maux encore : enfants, repas et linge à charge, fausses couches » (Mnémosyne, 2010, p.173). Dans le cadre de ce sujet d'étude, il pourrait être intéressant de travailler sur quelques situations concrètes telles que « les ouvrier.ères et le travail de nuit », « les qualités requises pour être ouvrier.ères » ou encore « la pénibilité du travail ouvrier ». Le genre permet donc d'historiciser les catégories, de les « dénaturaliser » et de comprendre qu'elles ne sont pas des données intangibles valables en tous temps et en tous lieux. Ainsi après de longs débats sur la délicate articulation entre mesures de protection des femmes et égalité professionnelle, l'interdiction du travail de nuit des femmes a été abolie en 2001.

Les situations proposées par le programme peuvent, elles aussi, être envisagées par le prisme du genre. S'agissant des occupations d'usine de 1936, Helen Harden Chenut montre que « les photographies de l'époque nous apportent un éclairage très précieux sur les grèves avec occupation d'usine. Pour Troyes, la photographie la plus fréquemment reproduite montre l'occupation de l'usine Davanlay-Recoing. Celle-ci attira une attention toute particulière du fait du grand nombre de femmes qui occupèrent les ateliers plusieurs jours durant et établirent une liste de revendications » (Harden Chenut, 2010, p.370). Pourtant, elle ajoute que si « la principale question était la relation entre les qualifications des ouvrières, qui n'étaient pas reconnues et que l'on sous-évaluait, et leur salaire » (Harden Chenut, 2010, p.378), la convention collective, produit de la grève, révélait que « sous l'effort d'uniformisation des catégories d'emplois, les différences de qualification selon le sexe ressortent avec plus de relief encore » et qu'elle « évoquait peu de possibilités qu'un travail comparable fut effectué par des hommes et des femmes, ce qui eût justifié le versement d'un salaire égal » (Harden Chenut, 2010, p.379).

En outre, le genre permet d'étudier la construction du masculin, de l'ouvrier, en l'occurrence. À quelle réalité correspond la figure de l'ouvrier métallurgiste en bleu de travail des années d'après guerre ? Quel a été l'effet produit par cette norme dans la formation d'une conscience de classe ? Comment les discours syndicaux ou des partis politiques s'en sont-ils accommodés, voire ont-ils participé à son élaboration ? Comment les immigrés y ont été confrontés ou associés ? Autrement dit, comment l'intrication des rapports sociaux de race, de classe et de genre a-t-elle joué dans la construction de la figure de l'ouvrier ou de l'ouvrière ? Autant de questions auxquelles des situations d'études pourraient chercher à répondre donnant ainsi à voir aux élèves des identités construites, et donc mouvantes au gré des enjeux du moment.

Des pistes pour introduire le genre en histoire des arts

L'histoire des arts, qui a fait son entrée en force dans les enseignements d'histoire à la faveur des enseignements du secondaire [51], peut permettre d'introduire les questionnements sur les problématiques de genre en histoire de façon originale et sans

---

[51] Arrêté du 11 juillet 2008 publié au *Journal officiel* du 27 juillet 2009 et *Bulletin officiel* n°32 du 28 août 2008.

doute plus opératoire que la simple féminisation partielle du discours historique à laquelle les enseignant.e.s sensibilisé.e.s au sujet ont le plus souvent recours[52]. On se propose ici de présenter quelques pistes qui doivent permettre de mesurer l'ampleur des potentialités ouvertes par ce nouvel enseignement. Les pratiques artistiques mettent en effet en valeur des normes de virilité que l'on pourra qualifier d' « alternatives » car non conformes au modèle dominant et stéréotypé habituellement connu des élèves[53].

L'entrée dans cette conception plurielle de la virilité peut se faire par l'étude de groupes sculptés figurant l'affrontement de David et Goliath. Le David de Michel-Ange est sans doute le plus connu, mais d'autres œuvres peuvent être versées au dossier (cf. Dossier « David et Goliath : un exemple de virilités plurielles »). On peut alors interroger les élèves sur les signes physiques de la virilité qu'ils identifient chez l'un et l'autre des personnages (barbe, musculature, taille, etc.), souligner avec eux combien ces signes sont fonction de l'âge de chacun d'entre eux, mais aussi de leur morphologie respective et, en rappelant l'histoire de David et Goliath, en profiter pour préciser que la force physique n'est pas le seul moyen de triompher. Plus intéressante encore, l'étude des attitudes physiques des personnages permet d'envisager une petite histoire du corps et de familiariser les élèves avec la dimension stéréotypée et culturelle de ces attitudes. Ainsi, ce qui peut sembler précieux, et presque fémi-

---

[52] D'autant que cette féminisation n'est pas très efficace. Ainsi, l'introduction systématique de figures féminines aux côtés des personnages masculins habituellement convoqués dans le récit historique permet, certes, de donner à voir des femmes actrices de l'histoire, mais ne permet souvent guère de sortir d'une approche stéréotypées. Les « tricoteuses » qui apparaissent par exemple sur la scène révolutionnaire à la faveur de ce type d'initiative, ne plaident guère pour une meilleure représentation des femmes en politique tant leur image (et l'iconographie que l'on trouve dans les manuels scolaires) est entachée par des siècles d'historiographie défavorable.

[53] Par ailleurs Nicole Lucas fait un certain nombre de propositions intéressantes pour faire de l'histoire des femmes en histoire des arts (Lucas, 2009, p.145-153).

nin, au XXIe siècle, relève du simple raffinement au XVIe siècle.

Ce parcours historique des attitudes corporelles peut être mené de bien d'autres manières : on peut ainsi envisager une histoire du costume qui permettrait de montrer en classe que le vêtement est aussi affaire de culture et que la robe ou la jupe, mais aussi le maquillage, les rubans et autres chapeaux à plumes, n'ont pas été réservés de toute éternité aux femmes. Le Grand Siècle regorgerait d'illustrations permettant d'illustrer cet aspect des choses. Mais les arts visuels ne sont pas les seuls à permettre d'appuyer la démonstration. L'étude de cette période peut être efficacement complétée par l'étude de certaines scènes du film de Gérard Corbiau, *Le roi danse* (2000). Outre la découverte du baroque et de la musique de Lully, un travail sur ce film permet de rompre avec l'idée que la danse est une activité féminine et futile. En s'adonnant à la danse, le jeune roi encore empêché de régner par lui-même se révèle aux yeux de sa cour et de ses sujets. Le corps dansant du roi prend une dimension idéale : Louis XIV devient le Roi Soleil et, ce faisant, il réaffirme la sacralité de son pouvoir. Rien d'efféminé là-dedans, au contraire : la danse prend même une incontestable dimension politique.

Ce parcours artistique peut également s'aventurer du côté de la musique. Le phénomène des castrats, ces chanteurs de sexe masculin ayant subi une castration avant leur puberté afin de conserver le registre aigu de leur voix enfantine tout en bénéficiant du volume sonore produit par la capacité thoracique d'un adulte, est particulièrement intéressant. Apparus en Occident dans la seconde moitié du XVIe siècle, ces individus ne sont pas des bêtes de foire que l'on moque (Rosselli, 1988). Au début du XVIIe siècle, on retrouve des castrats au service de tous les princes italiens ou presque, mais aussi dans les cours allemandes. Tous ces chanteurs sont italiens, ou ont été castrés et formés en Italie. Peut-être l'engouement pour les voix aiguës explique-t-il pour partie ce phénomène. Quand l'opéra prend son essor, dans la seconde moitié du XVIIe siècle, les sopranos – femmes ou castrats – sont mieux payés que les ténors et les basses. L'interdiction faite aux femmes de chanter sur scène à Rome ne constitue en tout état de cause qu'une explication très partielle : elle n'est pas vraiment respectée avant la fin des années 1670, et elle aurait pu conduire à préférer les jeunes garçons ou les falsettistes – chanteurs de sexe masculin dont la technique vocale consiste à utiliser le registre le plus aigu (on parle de « voix de fausset » ou « voix de tête ») en empêchant la contraction normale des cordes vocales. Le recours à la castration paraît un peu extrême, et ne s'impose probablement pas pour cette seule raison. En revanche, cela permet de commencer très précocement la formation d'un chanteur, dont la voix n'évoluera pas à la puberté, alors que pour former une soprano il faut attendre que la jeune fille ait mué. Dans son film consacré à la célèbre figure de Carlo Broschi (1705-1782), dit Farinelli, Gérard Corbiau montre combien son amputation ne lui interdit nullement les conquêtes féminines. Véritables sex-symbol de leur temps, les castrats sont adulés par le public et incarnent bien un idéal baroque, qui se joue des contradictions et des différences, recherchant au contraire le dépassement des antithèses. On peut mentionner l'immense succès remporté par Alessandro Scarlatti vers 1680. Citons encore Giuseppe Appiani, ou Felice Salimbeni qui était particulièrement admiré par le grand séducteur de l'époque, Casanova. De grands opéras ont été spécifiquement écrits pour eux, comme *Le couronnement de Poppée* de Monteverdi (1642) ou *La Clémence de Titus* de Mozart (1791). Aujourd'hui, les castrats n'existent plus. Le pape Clément XIV interdit la castration à la fin du XVIIIe siècle. Mais le répertoire réservé à ces voix exceptionnelles peut être repris par les contre-ténors (ou « voix de haute-contre »), qui sont de véritables ténors mais sont capables d'utiliser une technique vocale mixte, associant voix de poitrine et voix de tête, ce qui leur permet d'atteindre un registre étonnamment aigu pour un homme. Alfred Deller (1912-1979), chanteur et musicologue britannique, remet le premier ce type de voix à l'honneur. En effet, au sortir de l'enfance, s'il perd sa voix de soprano, il conserve cependant un timbre étrangement aigu et une étonnante élasticité vocale. Aujourd'hui encore, certains chanteurs sont dotés de cette exceptionnelle tessiture. On songe notamment à Philippe Jaroussky, contre-ténor français né en 1978 qui a également fait le choix de développer sa tessiture de tête. Là encore, l'aigu de la voix trouble mais on ne peut douter de l'identité sexuelle du jeune homme.

Sculpture, peinture, danse ou musique peuvent donc être mises au service d'un enseignement d'histoire des arts qui bouscule stéréotypes et idées reçues en matière de féminité et de masculinité. Les exemples développés ici cherchent volontairement à souligner la pluralité d'une virilité qui se réinvente d'une période historique à l'autre, d'un individu à un autre.

Conclusion

Au terme de cette réflexion, on espère avoir montré tout l'intérêt qu'il y a à questionner les catégories de genre, à souligner leur historicité et la plasticité de leurs contours. On a rappelé les missions de l'enseignant.e en histoire – entre formation civique et éducation intellectuelle et critique des élèves. Finalement, cela revient à former des individus responsables, libres de faire des choix et de les assumer. Le recours au concept de genre dans le cadre de ces enseignements paraît donc tout indiqué. L'utiliser, c'est montrer aux élèves la diversité des systèmes de socialisation sexuée à travers les âges, et déconstruire leurs stéréotypes de sexe en les confrontant à la pluralité de ces réalités. Souligner ainsi le caractère construit et pluriel des catégories « homme » et « femme » doit permettre aux élèves de concevoir qu'on puisse construire autre chose. C'est leur offrir la possibilité d'exercer leur esprit critique. C'est surtout, plus simplement, rendre justice à la réalité des choses.

Bibliographie

Chaperon, S. (2003, mai). *Le genre : un mot, un concept ou un label ?* Communication présentée à la Journée d'étude de l'ACI TTT « Multi-disciplinarité et théories des études sur le genre », Université de Toulouse le Mirail.

Chaperon, S. (2005). De l'histoire des femmes à l'histoire du genre. Dans Institut de la Recherche de la FSU, *Des femmes dans l'Histoire ? Enseignement en Europe.* Paris : Nouveaux Regards.

El Kaaouchi, H. (2011). *Emilie du Chatelet, femme de science des Lumières.* En ligne http://hgc.ac-creteil.fr/spip/Emilie-du-Chatelet-femme-de, consulté le 28 novembre 2011.

Farge, A. (1984). Pratique et effets de l'histoire des femmes. Dans M. Perrot, *Une histoire des femmes est-elle possible ?* (pp 18-35). Paris : Rivages.

Fend, M. (2011). *Les limites de la masculinité. L'androgynie dans l'art et la théorie de l'art (1750-1850).* Paris : La Découverte.

Harden Chenut, H. (2010). *Les ouvrières de la République : les bonnetières de Troyes sous la Troisième République.* Rennes : Presses Universitaires de Rennes.

Jacobus, M., Fox Keller, E. & Shuttleworth, S. (1990). *Body / Politics : Women and the Discourses of Science.* New York and London, Routledge.

Lucas, N. (2006). *Dire l'histoire des femmes à l'école. Les représentations du genre en contexte scolaire.* Paris : Armand Colin.

Martin, E. (1987). *The Woman in the Body. A Cultural Analysis of Reproduction.* Boston, Mass.: : Beacon.

Michelet, J. (1859). *La femme.* Paris : Hachette.

Dermenjian, G., Jami, I., Rouquier, A. & Thébaud, F. (2010). *La place des femmes dans l'histoire. Une histoire mixte.* Paris : Belin.

Rosselli, J. (1988, mai-août). The Castrati as a Professional Group and a Social Phenomenon, 1550-1850. *Acta Musicologica, vol.60*(2), 143-179.

Rouquier, A. & Attali, G. (2004). *Histoire des femmes/femmes dans l'histoire. Quelques documents pour un enseignement secondaire mixte.* En ligne : http://histgeo.ac-aix-marseille.fr/a/aro/aro003_docsfemmes.pdf, consulté le 28 novembre 2011.

Scott, J. (1988). Le genre, catégorie utile d'analyse historique. *Cahiers du GRIF, n°37-38*, 125-153.

Simon, J. (1861). *L'ouvrière.* Paris : Hachette.

Sinigaglia-Amadio, S. (2010). Place et représentations des femmes dans les manuels scolaires en France : la persistance des stéréotypes sexistes. *Nouvelles Questions Féministes*, 46-59.

Wievorka, A. (2004). *Quelle place pour les femmes dans l'histoire enseignée ? Étude du Conseil économique et social.* Paris : Direction des Journaux officiels.

Zancarini-Fournel, M. (2004). La place de l'histoire des femmes dans l'enseignement de l'histoire. *Cahiers d'histoire. Revue d'histoire critique, 93.* En ligne : http://chrhc.revues.org/index1289.html, consulté le 28 novembre 2011.

Zancarini-Fournel, M. (2010). Condition féminine, rapports sociaux de sexe, genre…. *Clio. Histoire, femmes et sociétés, 32*, 119-129.

Chapitre 7
Habillage de la tâche et adhésion aux stéréotypes.
Une expérimentation en Éducation Physique et Sportive.
Étude longitudinale de la maternelle au collège

Sigolène Couchot-Schiex
Maîtresse de conférences
en Sciences et Techniques des Activités Physiques et Sportives
Université Paris-Est Créteil – IUFM de l'Académie de Créteil
Laboratoire CIRCEFT REV – OUIEP

Le traitement des données statistiques a été réalisé par Basile Bailly étudiant de master 2, auquel j'adresse tous mes remerciements pour son remarquable travail.

Les pratiques éducatives sont régies par une logique complexe à étages multiples. Même en limitant la prise en compte des pratiques éducatives à l'environnement scolaire, les observations montrent la complexité de la logique curriculaire. Des choix politiques et culturels sont réalisés à tous les niveaux : programmes, organisation des enseignements dans les établissements, structures de regroupement des élèves, choix de contenus disciplinaires, etc. Dans ces mille-feuilles des savoirs et de leur organisation, l'enseignant.e se situe au bout de la chaine, au contact du savoir et des élèves. Si l'enseignant.e ne choisit pas le savoir à enseigner puisqu'il a pour prescription d'enseigner ce qui est identifié dans les programmes de sa discipline, en revanche, il lui revient de choisir et de préciser à la fois l'objet d'étude soumis aux élèves et les modalités par lesquelles il/elle envisage cette transmission. De ce fait, l'éducation scolaire exerce une influence considérable sur la manière dont les élèves sont amenés à mieux comprendre le monde et l'enseignant.e en est un médiateur essentiel. Les pratiques éducatives sont diverses. Nous porterons un intérêt particulier à la dimension sexuée comme dimension incontournable de ces pratiques puisque dans l'école, filles et garçons vont aussi apprendre à se comporter comme de futur.e.s femmes et hommes.

> « Marie Duru-Bellat (1990) démontre comment les élèves apprennent de manière implicite à devenir un homme ou une femme, cet apprentissage semble étroitement lié à l'apprentissage du métier d'élève puisque l'école, tant du point de vue de la socialisation que de la transmission des savoirs, tend à reproduire les rapports sociaux de sexe comme rapports inégaux entre les filles et les garçons. » (Toczek, 2006, p.2).

Dans l'espace scolaire et au sein même des pratiques éducatives, les filles et les garçons vont se reconnaître comme appartenant exclusivement à l'un ou l'autre des groupes de sexe. Les rapports de sexe se construisent. Ils sont le produit d'une construction sociale qui s'établit par d'innombrables vecteurs : rôles sociaux, stéréotypes, préjugés, qui nourrissent l'imaginaire social (Castoriadis, 1975). Dans la classe mixte, la coprésence des deux groupes de sexe et la transmission d'un savoir scolaire vont produire des expériences différenciées pour les deux sexes. Selon les psychologues sociaux (Hurtig & Pichevin, 1985 ; Lorenzi-Cioldi, 1994) la constitution de deux groupes exclusifs dans un même espace amène ces deux groupes à se positionner l'un par rapport à l'autre, à se hiérarchiser. Ces auteurs montrent que le groupe de garçons constituerait le groupe de référence alors que le groupe de filles se positionnerait comme dominé. La hiérarchisation des sexes prend forme dans l'espace scolaire.

Des sociologues de l'éducation (Collet, Duru-Bellat, Jarlegan Mosconi... entre autres ; Cogérino et son équipe, Vigneron pour l'EPS) ont pu montrer comment la mixité participe de la construction d'inégalités sexuées, à travers le curriculum caché. Ces éléments invisibles de la forme scolaire contribuent à la construction d'une différenciation des statuts et des rôles dans l'espace scolaire. Les filles étant attendues comme bavardes mais sages, les garçons comme dynamiques mais agités. Cette comparaison inconsciente permet à chaque élève selon son sexe d'intégrer sa position dans la hiérarchie de l'espace scolaire en général et de la classe en particulier.

« Le cadre scolaire est ainsi socialement structuré par les hiérarchies scolaires mais aussi par les rapports entre sexes. » (Morin-Messabel, 2009, p.29).

Différentes dimensions organisent et structurent les rapports entre les deux sexes.

– Une dimension positionnelle : la position idéologique. À l'école, ce serait l'égalité des sexes comme valeur recherchée. Les filles et les garçons sont-ils considérés de manière égale dans l'espace du groupe classe ? comme élèves potentiellement bons / mauvais en EPS ? comme élèves ayant une culture gymnique ou non ?

– Une dimension contextuelle : la dimension activée par le contexte scolaire. Par exemple l'habillage de la tâche : les disciplines sont hiérarchisées implicitement dans l'espace scolaire. Morin-Messabel montre dans ses travaux que réussir une tâche en mathématique est davantage valorisé que réussir la même tâche en arts plastiques. En Éducation Physique et Sportive (EPS), l'activité gymnique est connotée comme une activité féminine susceptible de peu intéresser les garçons. Au contraire, ceux-ci sont plus attirés par les activités sportives collectives à connotation masculine. On pourrait, par exemple, opposer de manière extrême le football (connotation masculine) et la gymnastique sportive (connotation féminine).

– Une dimension situationnelle : c'est la situation du groupe social auquel appartient l'individu par rapport aux autres groupes de l'espace en question. Cette dimension situe les filles et les garçons dans l'espace scolaire. Les filles sont catégorisées dans un groupe social dominé (Lorenzi-Cioldi, 1988), par rapport au groupe des garçons qui constitue le groupe de référence, groupe valorisé. En EPS, les filles sont souvent considérées comme des élèves ayant des capacités moindres : moins vives, moins dynamiques que les garçons auxquels l'enseignant.e se réfère systématiquement pour faire évoluer ses propositions d'enseignement (Coltice & Couchot-Schiex, 2006).

« Les appartenances positionnelles (bon/mauvais élève, fille ou garçon), les caractéristiques situationnelles (situation d'enseignement à fort enjeu scolaire *vs* faible, mixité *vs* non mixité des classes) deviennent des variables intéressantes à explorer dans le cadre de la transmission/ acquisition de connaissances. L'importance des représentations de soi, des autres, de la situation dans les processus d'apprentissage peuvent s'illustrer par des recherches relatives aux appartenances positionnelles de sexe et le cadre scolaire. » (Morin-Messabel C., 2009, p.26)

Les situations scolaires peuvent donc être analysées sous l'angle du rapport entre les deux sexes. La discipline d'enseignement, la connotation sexuée de l'activité physique et sportive qui sous-tend l'enseignement (ici la gymnastique), le type de tâche proposé, les situations sociales, le fait d'appartenir au groupe des filles ou des garçons ; ces différents paramètres influencent le rapport que chaque élève (de manière individuelle ou groupale) va développer vis-à-vis de l'apprentissage proposé.

Selon Parson et Bales (1955) l'orientation à caractère instrumental serait définie schématiquement par l'autonomie individuelle, l'indépendance, le sentiment de maitrise de l'environnement, la compétition. Cette orientation serait généralement associée aux rôles masculins. L'orientation à caractère expressif serait définie schématiquement autour de caractères comme la communion avec autrui, le désir de liens, la conscience et l'expression de sentiments personnels, caractères associés au sexe féminin. Ces schématisations sont intériorisées et rendues signifiantes pour chaque sexe notamment au cours du processus de socialisation. Ainsi, lorsqu'ils se trouvent en présence de pairs du même sexe ou de l'autre sexe, les filles et les garçons réactivent des comportements liés à ces schématisations. La force des stéréotypes est notamment puissante dans les situations sociales qui mettent en jeu des interactions entre les individus. Ces situations sociales sont très fréquentes dans l'expérience quotidienne. À ce titre, le contexte scolaire est à considérer comme un lieu propice à l'activation des stéréotypes de sexe par la coprésence des filles et des garçons. C'est d'ailleurs sur la base de cette construction sociale que certains, notamment dans les pays anglo-saxons sont favorables à la non mixité du milieu scolaire. En France, des propositions similaires peuvent trouver une écoute attentive.

De manière spécifique en EPS, des études ont été menées au cours des dix dernières années qui pointent la connotation sexuée des Activités Physiques Sportives et Artistiques (APSA) qui sous-tendent les enseignements dans cette discipline (Fontayne, 1999; Koivula, 1995). Cette connotation se fonde le plus souvent sur le sexe des pratiquants ou sur leurs représentations. Les activités (APSA) seraient à considérer comme plutôt masculines, plutôt féminines ou plutôt appropriées pour les deux sexes. Des études réalisées *in situ*, portant sur le rôle de l'enseignant.e d'EPS au cours du processus d'enseignement-apprentissage, démontrent qu'il ou elle contribue à la reproduction des rôles de sexe attendus pour les élèves. En particulier, les interactions verbales et non verbales dans les activités connotées féminines (danse, gymnastique ou acrosport) contiennent des résultats statistiquement significatifs d'une différenciation sexuée et inégalitaire de la part de l'enseignant, qu'il soit un homme ou une femme, qui favorise les garçons au détriment des filles (Couchot-Schiex, Trottin, 2006) pour ces activités.

Présentation de l'étude

En nous référant aux travaux antérieurs effectués en sciences de l'éducation, en sociologie du curriculum et en psychologie sociale, nous proposons une étude longitudinale en contexte scolaire sur l'habillage d'une tâche en gymnastique.

Nous avons construit une tâche spécifique de gymnastique au sol sur le modèle d'un enchaînement semi-libre. L'enchaînement[54] sera présenté soit comme un enchaînement d'« expression », soit comme un enchaînement du « combattant ». L'enchaînement respecte les contenus et les critères de réalisation attendus d'une situation d'enseignement de l'Éducation Physique et Sportive comme discipline scolaire. À partir des résultats antérieurs sur l'habillage de la tâche réalisés en psychologie sociale (Morin, 1992 ; Morin-Messabel & Ferrière, 2008) nous souhaitons vérifier :

1. Quel(s) niveau(x) de classe (donc quels âges ?) montrent une adhésion significative aux stéréotypes (sur les 2 enchaînements additionnés). Si des différences existent, sont-elles significatives de l'un des enchaînements seulement (expression *vs* combattant) ?

2. Sur quel enchaînement, les élèves adhèrent-ils le plus aux stéréotypes ? (expression *vs* combattant) Peut-on lire une différence suivant le sexe de l'élève (fille *vs* garçon) ?

3. L'adhésion aux stéréotypes est-elle congruente avec le sexe de l'élève ? Les filles adhèrent-elles davantage aux stéréotypes féminins (enchaînement expression) ? les garçons adhèrent-ils davantage aux stéréotypes masculins (enchaînement combattant) ?

Méthodes

Expérimentation conduite

L'étude longitudinale a été réalisée auprès d'élèves de primaire et de collège. Au lycée, les élèves semblent plus détachés des stéréotypes de sexe, mais ce sentiment pourrait chercher une confirmation dans des études ultérieures. L'étude a été conduite auprès de 222 élèves d'une même zone géographique semi-rurale à proximité de Lyon (105 élèves de collège et 117 élèves de primaire dont 52 élèves de maternelle (petite section,

---

[54] Dans cette présentation, nous parlons « d'enchaînement » en référence à la didactique de l'EPS, nous parlerons plus loin de la « tâche » quand nous nous référons à la méthodologie utilisée en psychologie sociale.

moyenne section, grande section). Ces effectifs sont distribués dans 4 classes de collège, 3 classes de maternelle et 3 classes d'élémentaire.

- *Variables indépendantes*

Nous identifions trois variables indépendantes :

– sexe de l'élève : garçon *vs* fille (2 modalités)

– âge de l'élève : l'âge est demandé dans le questionnaire à remplir par l'élève à l'issue de sa prestation. On peut également inférer l'âge des élèves au niveau de classe fréquentée. L'âge des élèves est échelonné de 3 à 15 ans, soit de la classe de petite section de maternelle à la classe de $3^{\text{ème}}$ de collège (10 modalités).

– habillage de la tâche : la tâche est présentée comme un enchaînement gymnique soit masculine (enchaînement du combattant) soit féminine (enchaînement d'expression) (2 modalités). Cette présentation différenciée est réalisée par l'expérimentatrice et inscrite en grosses lettres sur la grille d'enchaînement affichée dans la salle et à laquelle les élèves se réfèrent.

- *Variables dépendantes*

La performance de la prestation gymnique réalisée est inférée à l'habillage de la tâche soit l'enchaînement dans lequel l'élève a été évalué, c'est à dire : expression ou combattant. Le maximum de points attribué à l'enchaînement est de 7 points. Pour les élèves les plus jeunes, l'enchaînement gymnique a été simplifié et la passation aménagée afin de permettre aux élèves de conserver l'engagement dans la tâche. Cependant le calcul de la performance est identique, d'ailleurs, étant donné que l'enchaînement est semi-libre, les mouvements gymniques des élèves les plus jeunes sont tout autant acceptables, quoique de motricité moins élaborée ou moins spécialisée que ceux des élèves les plus âgés. Les différences dans la qualité des réalisations sont plus sensibles entre les élèves non gymnastes et les élèves gymnastes (par exemple les élèves qui pratiquent ou ont pratiqué la gymnastique sportive en club).

Protocole de l'étude

Lors de la passation du test, la classe est séparée en 2 groupes comprenant un nombre équivalent de garçons et de filles dans la limite possible de l'effectif de classe. À chacun des deux groupes est attribué un enchaînement selon l'habillage combattant *vs* expression. Une même grille contenant les contraintes de l'enchaînement (semi-libre) est annoncée aux élèves et mise à leur disposition. Dans cette grille figurent les 7 catégories de mouvements gymniques qui servent de support à l'évaluation de la performance. Le groupe d'élèves dispose d'un temps de préparation pendant lequel l'expérimentatrice s'assure de la compréhension des consignes et de la tâche en général, puis les élèves sont appelés individuellement pour la réalisation de l'enchaînement. La performance est calculée selon les modalités suivantes : condition remplie si le mouvement est connoté selon le stéréotype masculin *vs* féminin = 1, condition non remplie si le mouvement est sans connotation = 0, ou si le mouvement est connoté inverse (par exemple masculin si l'enchaînement est « expression » = 0). Le total de la performance ne peut pas dépasser un maximum de 7 points (7 catégories de mouvements gymniques). Le score de réussite n'est pas annoncé à l'élève. Les élèves de l'autre groupe qui réaliseront l'autre enchaînement ne sont pas présents.

À l'annonce du type d'enchaînement, la connotation féminine *vs* masculine est activée une seule fois par la centration sur la qualité « expression » = faire joli *vs* « combattant » = faire comme les combattants.

Après sa prestation, chaque élève rempli un questionnaire qui vise à contrôler les paramètres de reconnaissance de la tâche et de perception de l'activité réalisée : « quel enchaînement as-tu réalisé ? » ; la position de l'élève dans le groupe : « as-tu aimé ton travail avec ton groupe ? » ; la valorisation et l'estime de soi de l'élève dans la prestation qu'il/elle a réalisé : « es-tu satisfait/e de ton passage ? »

Pour les élèves de maternelle et de CP, des aménagements ont été nécessaires. Les élèves ont été accompagnés par leur enseignante, de même elle a aidé l'élève à répondre au questionnaire.

Résultats

Les effets principaux en termes de performance

Les élèves ont participé à la tâche proposée de manière satisfaisante. La qualité des enchaînements réalisés est bien sûr conditionnée par l'âge des élèves et leurs capacités gymniques. En général, plus les élèves étaient jeunes, plus ils ont proposé des mouvements gymniques s'appuyant sur une motricité proche du quotidien mais répondant aux critères attendus. Pour la classe de CP, on note que la réalisation de l'enchaînement se teinte fortement d'une résonnance scolaire. C'est à dire que les élèves ont généralement peur de se tromper, de ne pas répondre aux attentes de l'expérimentatrice et recherchent souvent son approbation. On pourrait évoquer une surdétermination de la tâche scolaire à réaliser par rapport à la tâche motrice proposée. Faire « bien » ou « juste » serait plus important que répondre de manière individuelle. Enfin, à la fin des années de collège, on note une forte différence entre les élèves gymnastes de club ou qui ont des capacités et connaissances assurées dans cette discipline sportive et les autres. En effet, ces élèves gymnastes appliquent strictement le code de pointage gymnique et choisissent de présenter un enchaînement purement correct du point de vue de la performance gymnique, sans trace d'adhésion stéréotypique. Toutefois, ces élèves, peu nombreux d'ailleurs, n'ont pas été identifiés de manière particulière, ils sont donc inclus dans les calculs statistiques.

Les résultats ont été exploités quantitativement. Les statistiques pour le test de Khi2 d'indépendance[55] entre niveau de classe et

---

[55] Le test Khi2 est un test statistique qui permet de rechercher les influences entre des variables préalablement identifiées. Il permet de re-

adhésion aux stéréotypes montrent que l'adhésion aux stéréotypes dépend du niveau de classe des élèves.

Variable « sexe du sujet », F vs G : performance générale

La recherche d'indépendance entre le sexe de l'élève et l'adhésion aux stéréotypes par un test de Khi2 montre que l'adhésion aux stéréotypes ne dépend pas de la variable sexe. Les filles, les garçons ne sont pas plus enclins, les uns que les autres à se conformer aux stéréotypes.

Variable « habillage de la tâche »

La tâche est présentée comme un enchaînement gymnique de type « expression » ou « combattant ». Les résultats statistiques montrent que l'adhésion aux stéréotypes dépend de l'enchaînement réalisé.

Les comparaisons des moyennes de performance entre les filles et les garçons au sein d'une classe et pour un même enchaînement ont mis en évidence des différences significatives dans certaines classes.

Les garçons adhèrent plus fortement que les filles aux stéréotypes lorsqu'ils sont au CM2, en 5ème et en 3ème. C'est ce que montrent les résultats quand la tâche est présentée sous l'habillage « combattant ».

Lorsque la tâche est présentée sous l'habillage « expression », les résultats sont contrastés. Ce sont les jeunes garçons de CE1 qui montrent plus de réponses stéréotypées que les filles de la même classe. Mais ce sont les filles qui montrent un plus fort taux de réponses stéréotypées que les garçons dans les classes de CE2, 6ème et 4ème.

---

chercher si une loi de probabilité se dégage dans un échantillon d'observations supposées indépendantes. Dans cette étude, nous avons recueilli des données qualitatives aussi le test de Khi2 mesure leur *indépendance*.

Ces résultats statistiques peuvent d'ailleurs être confortés par les réponses recueillies dans les questionnaires élèves : l'enchaînement expression est plus souvent rejeté. Avant la classe de 6ème les réponses aux questionnaires montrent une identification correcte de la tâche à réaliser (entourer l'enchaînement réalisé : expression *vs* combattant). À partir de la classe de 6ème et jusqu'à la classe de 4ème, les réponses montrent de plus en plus d'identifications incorrectes de l'enchaînement annoncé. Les identifications incorrectes qui concernent l'enchaînement « expression » sont plus souvent le fait des garçons du groupe. Les identifications incorrectes qui concernent l'enchaînement « combattant » sont le fait des élèves des deux sexes en 6ème et concernent les filles en 4ème. Entre autres, les élèves du collège de la 6ème à la 4ème notent qu'ils n'ont pas apprécié leur enchaînement, mais quelque soit leur sexe ils sont généralement satisfaits de leur passage personnel et donc de leur performance physique.

Variable : « sexe » x « habillage de la tâche » x « performance »

Les comparaisons croisées de ces trois variables font apparaître que les filles montrent en moyenne une plus forte adhésion aux stéréotypes attendus de leur propre sexe. Ce résultat est vérifié pour les classes de CE2, 6ème, 5ème, 3ème lorsque la tâche en modalité « expression ».

Par contre, en GS de maternelle, ce sont les garçons qui adhèrent le plus fortement aux stéréotypes attendus de leur sexe lors de l'enchaînement « combattant ». Cette forte adhésion à l'habillage de la tâche dans sa version masculine semble exclusivement significative à ce jeune âge. Les représentations recueillies à travers les verbalisations spontanées des élèves lors de la présentation de l'enchaînement à ce groupe de GS et de l'activation du stéréotype « combattant » sont d'ailleurs éloquentes. Les élèves évoquent les images de « soldat », « gendarme », associés aux qualificatifs « méchant » ou « mauvais ».

Résultats et confirmation des hypothèses

Cette étude montre que l'adhésion aux stéréotypes est plus ou moins significative suivant l'âge des élèves. C'est entre 9 et 14 ans que les élèves montrent une adhésion plus forte avec les stéréotypes attendus de leur sexe lors de la tâche gymnique proposée. Les âges les plus sensibles sont la fin de la maternelle 5ans, puis le CM : 9 à 11 ans et enfin la classe de 5ème : 13 ans.

On ne peut pas véritablement dire qu'un enchaînement suscite davantage de réponses motrices stéréotypées. L'ensemble des résultats va dans le sens de variations suivant à la fois l'âge et le type d'enchaînement réalisé. Les filles plus que les garçons, s'attachent à « faire joli » dans leur enchaînement lorsqu'elles sont au CE2, en 6ème et 4ème. Les garçons plus que les filles, s'attachent à « faire comme le combattant » en CM2, 5ème et 3ème.

Statistiquement, l'adhésion aux stéréotypes est congruente avec le sexe de l'élève et la connotation sexuée de l'enchaînement réalisé. Les filles adhèrent davantage aux stéréotypes féminins (enchaînement « expression ») et les garçons adhèrent davantage aux stéréotypes masculins (enchaînement « combattant »). Notons que cette adhésion s'exprime à travers des réponses motrices au sein d'un enchaînement gymnique réalisé devant un groupe mixte composé d'élèves d'une même classe. La dimension publique de ces expressions stéréotypiques quand elles le sont, ne doit pas être négligée. Certains élèves acceptent donc, devant leurs pairs, de montrer qu'ils s'accordent avec les normes sociales attendues de leur sexe. Les conduites physiques sont donc ici, à envisager également comme des conduites sociales au sein d'un groupe stable, celui de la classe, composé de filles et de garçons connus et reconnus dans leur position et le rôle qu'ils jouent dans cet espace scolaire.

Les comparaisons croisées, montrent que les filles de CE2, 6ème, 5ème, 3ème identifient bien la gymnastique comme une activité à connotation féminine dans laquelle elles expriment corporellement des comportements stéréotypiques féminins : « faire joli ».

À travers les réponses aux questionnaires, les garçons montrent qu'ils se détachent voire rejettent de plus en plus fortement la tâche en version « expression » au fur et à mesure qu'ils sont plus âgés.

À travers ces résultats, nous aurions la confirmation que la gymnastique est bien pensée par les élèves comme une activité qui s'adresse plutôt aux filles et que cette connotation ne convient généralement pas aux garçons dans le groupe mixte, en EPS. Les garçons, visés par les stéréotypes féminins « faire joli » ont tendance à modifier leur comportement individuel et social dans la tâche demandée.

> « La personne qui est visée par ce stéréotype, et qui le sait, va ressentir une pression, va craindre de voir son comportement ou sa performance unique interprété en fonction de ce stéréotype, sans que ces caractéristiques individuelles ne soient prises en compte, et va, de manière inconsciente et involontaire, modifier son comportement. C'est dans ce type de situation que l'on parle de menace du stéréotype ». (Toczek, 2006, p. 3)

Discussion générale

Quel intérêt peut-on retirer d'une telle expérimentation dans le domaine de l'EPS comme discipline scolaire ?

Le croisement entre l'adhésion aux stéréotypes et l'habillage de la tâche, intéresse la formation des enseignants d'EPS.

D'une part, l'enseignant.e est l'intermédiaire essentiel de la médiation entre le savoir et l'apprentissage. Cette médiation doit être réfléchie et construite, elle est soumise aux choix didactiques et pédagogiques que l'enseignant.e effectue. Dans le sens de cette réflexion, un groupe de collègues experts en EPS écrit dans une revue professionnelle spécialisée :

> « Nous faisons le pari suivant : la rencontre avec les "savoirs" ne peut pas être le fruit du hasard,

d'une rencontre fortuite, elle doit être organisée (par des contextes signifiants et cohérents) et elle devient la condition d'une dynamique dans les apprentissages. Ces contextes "culturels choisis" (au regard des APSA) sont une clé de l'efficacité de l'enseignant. » (Ubaldi, Coston, Coltice, & Philippon, 2010, p 22)

Les situations d'enseignement imaginées par l'enseignant.e et proposées aux élèves font l'objet d'un traitement scolaire. Les mêmes auteurs insistent : « elles se construisent à partir des "contenus clés" que nous avons décidés d'enseigner à un moment donné ». Tout ne peut pas être enseigné. L'enseignant.e va décider de contenus, d'objets d'enseignement prioritaires. Ces objets sont guidés à la fois par la forme de la pratique scolaire, mais également par les apprentissages positifs attendus des élèves. Or, une vigilance s'impose concernant le type de tâche auquel les élèves seront confrontés pour produire ces apprentissages. À l'instar des interactions verbales et non verbales, l'habillage de la tâche est un vecteur de différenciation des savoirs puisque l'étude montre des différences dans la réalisation de l'enchaînement selon l'étiquette donnée à la tâche et le sexe des élèves. L'EPS est une discipline peu valorisée dans l'espace scolaire et plutôt perçue comme masculine. Les recherches sur la transmission des savoirs, montrent qu'on y observe les mêmes biais qu'en mathématiques et en sciences. Or, au sein de cet ensemble de pratiques masculines, certaines activités spécifiques sont, elles, connotées comme féminines. Plus les activités proposées sont connotées féminines, plus les enseignant.e.s favorisent les garçons dans les interactions de manière à garantir leur activité. Par contre, les enseignant.e.s remettent peu en cause le type de tâche qu'ils/elles proposent. Il paraît, ici, visible qu'une tâche présentée comme « expressive » rencontrera une faible adhésion des garçons, et une réalisation fortement stéréotypique des filles. Spontanément, les enseignant.e.s pensent favoriser les filles quand ils proposent de la danse ou de la gymnastique, puisqu'elles y adhèrent facilement. Au-delà de cette adhésion, à laquelle les filles participent activement en montrant des signes de conduites conformes à leur sexe, les apprentissages ne sont pas aussi positifs qu'attendus. Si les garçons ont tendance à se distinguer par la réalisation d'acrobaties plus valorisées, tandis que les filles choisissent de « faire joli » en réalisant des mouvements plus chorégraphiques moins valorisés. L'habillage de la tâche renforce les conduites motrices stéréotypées attendues selon le sexe de l'élève, il paraît de plus en plus impensable aux garçons de réaliser des mouvements ayant à exprimer une dimension esthétique. Dans l'espace social de la classe en EPS, où chaque élève, individuellement face au groupe de pairs, va devoir réaliser une performance motrice sous le regard des autres, les enjeux de la situation sont forts du point de vue du prestige social encouru. Toute adhésion à des stéréotypes de l'autre sexe pourra être interprétée, notamment pour les garçons, comme une conduite inappropriée.

Comment l'enseignant.e peut-il/elle réagir pour minimiser l'impact des stéréotypes dans les tâches proposées ?

Reprenons les trois dimensions qui structurent les rapports entre les sexes.

En EPS, les filles sont considérées comme plus faibles que les garçons. Mais en gymnastique, on attend d'elles qu'elles montrent des capacités de souplesse et d'esthétique naturelles. Ces capacités ne sont pas attendues des garçons. On peut donc, questionner les positions des élèves, filles et garçons en EPS d'une manière générale et avec plus d'acuité encore en gymnastique (danse ou acrosport). Toutes les filles n'ont pas pratiqué la gymnastique, toutes les filles ne montrent pas de qualités de souplesse ou de fluidité. Les garçons refusent de montrer quelques capacités pouvant aller vers la dimension esthétique, apanage des filles. Une piste de réflexion pourrait consister dans la remise en cause des ces positions généralement admises en EPS.

L'EPS est une discipline mineure de l'espace scolaire. La gymnastique, la danse sont des activités moins valorisées que les sports collectifs parmi l'éventail d'APSA dont se nourrit l'EPS. Dans ce contexte, pourquoi les garçons prendraient-ils au sérieux ces activités ? Les élèves ne sont pas dupes : plus on avance dans le cursus scolaire, moins ces activités font partie des programmations annuelles. Or, la programmation de ces activités doit correspondre à des apprentissages moteurs spécifiques, identifiés, culturellement choisis et ayant du sens pour l'élève fille ou garçon. La variété des objets, des tâches, des modalités d'apprentissage garantit une ouverture des apprentissages afin que tous les élèves puissent y trouver du sens.

Enfin, les garçons cherchent malgré tout, à occuper une position valorisée dans l'espace social. Dans cette situation, ils souhaitent attirer l'attention de l'enseignant.e, le plus souvent en se réappropriant la tâche de manière à ce qu'elle devienne acceptable au regard de leur dimension genrée, plus adéquate aux stéréotypes masculins. L'agitation motrice comme facteur d'attractivité du regard de l'enseignant.e à soi, au groupe de pairs, est une stratégie connue et maintes fois démontrée. Rendre les filles visibles et valoriser leurs apprentissages doit être un paramètre de vigilance pour l'enseignant.e.

Bibliographie

Castoriadis, C. (1975). *L'institution imaginaire de la société*. Paris : Le Seuil.

Cogérino, G. (Dir.). (2005). *Filles et garçons en EPS*. Paris : Editions EPS.

Cogérino, G. (Dir.). (2007). *La mixité en éducation physique. Paroles, réussites, différenciations*. Paris : Editions EPS, Dossier EPS, 67.

Coltice, M. & Couchot-Schiex, S. Regards sur la mixité par un groupe d'enseignants stagiaires en EPS. Dans G. Cogérino (Dir.), *La mixité en éducation physique. Paroles, réussites, différenciations*. Paris : Editions EPS, Dossier EPS, 67.

Couchot-Schiex, S. & Trottin, B. (2005). Interactions enseignants/élèves en EPS : variation en fonction du sexe et du genre. Dans G. Cogérino (Dir.), *Filles et garçons en EPS*. Paris : Editions EPS.

Fontayne, P. (1999). *Motivation et APS : l'influence du sexe et du genre sur la pratique du sport et de l'EPS*. Thèse STAPS, Université Paris Sud Orsay, non publiée.

Koivula, N. (1995). Ratings of gender appropriateness of sports participation : effects of gender-based schematic processing. *Sex Roles, 33* [7/8], 543-557.

Lorenzi-Cioldi F. (1988). *Individus dominants et groupes dominés. Images masculines et féminines*. Grenoble : P.U.G.

Lorenzi-Cioldi, F. & Doise, W. (1994). Identité sociale et identité personnelle. Dans R. Y. Bourhis & J.-P. Leyens (Dirs.) *Stéréotypes, discriminations et relations intergroupe*. Bruxelles : Mardaga.

Morin, C. (1992). *Bicatégorisation asymétrique de sexe, normes sociales et stratégies évaluatives entre groupes, étude quasi-expérimentale au sein du système scolaire*. Doctorat nouveau régime, université Blaise Pascal, Clermont-Ferrand II.

Morin-Messabel, C. (2001). Contexte scolaire, mixité et performances. Introduction à la problématique de la variable sexe dans le contexte scolaire (pp.52-61). Dans A. Houel & M. Zancarini-Fournel (Dirs.), *Ecole et mixités*. Lyon : PUL.

Morin-Messabel, C. (2009). Transmission des savoirs et situations éducatives. *Carnets du GRePS, 1*, 26-32.

Morin-Messabel, C. & Ferrière, S. (2008). Contexte scolaire, appartenance catégorielle de sexe et performances. De la variation de l'habillage de la tâche sur les performances à l'école élémentaire. *Les cahiers internationaux de psychologie sociale, 80*, 13-26.

Parson, N. & Bales, R. F. (1955). *Family, socialization and interaction process*. New York : Free Press.

Toczek, M.-C. (2006). Comment réduire les différences de performances selon le genre lors des évaluations institutionnelles ? *8ème Biennale de l'éducation et de la formation, Expérience(s), savoir(s), sujet(s)*. Lyon : APRIEF, INRP.

Ubaldi, J.-L., Coston, A., Coltice, M., & Philippon, S. (2006). Cibler, habiller, intervenir pour permettre à nos élèves d'apprendre en EPS. Faire pratiquer pour faire apprendre. *Les cahiers du C.E.D.R.E., 6*. Le Plessis-Robinson : Aeeps, 7-31.

Chapitre 8
Transmission de représentations genrées chez les formateurs et formatrices dans l'enseignement du 1ᵉʳ degré

Séverine Ferrière
Maîtresse de conférences en Sciences de l'Éducation
IUFM des Pays de la Loire, Angers
Laboratoire du CREN

Le système éducatif est particulièrement investi par les femmes, qui représentent 67,6 % du personnel[56], et sont encore plus présentes dans l'enseignement du premier degré. On observe que les hommes sont minoritaires dans la formation, puis dans la profession de Professeur des Écoles, constat qui dépasse nos frontières. En effet, les hommes représentent en moyenne 20 % des effectifs enseignants dans le premier degré dans les pays Européens et Nord-américains (Carrington, 2002 ; Cushman, 2008 ; Francis, 2008 ; MEN, 1999 et 2009 ; Read, 2008 ; Skelton, 2002 ; 2003).

On observe également qu'au sein de la formation en France, ils semblent proportionnellement plus en difficulté sur la dernière année de formation, pour la titularisation. À titre d'exemple, pour l'année 2007/2008, 647 stagiaires étaient inscrits en dernière année à l'IUFM de Lyon[57] : 566 femmes et 81 hommes. En fin d'année, 38 n'ont pas été titularisés : une femme licenciée, 31 femmes et 7 hommes non titularisés. Cependant, sur ces 31 femmes, 25 n'ont pas été titularisées suite à des congés maladie ou maternité, et l'ont été l'année suivante. Cela signifie donc que, sur une promotion, 7 hommes et 7 femmes ne seront jamais Professeur.e.s des Écoles, ce qui revient à dire que 8 % des stagiaires hommes ne seront pas titularisés, contre 1 % des femmes.

---

[56] Statistiques de l'Éducation Nationale (RERS 2012)
[57] Cette recherche a été menée avant les changements des IUFM, nous gardons donc la terminologie.

Au-delà de ce constat numérique, se pose la question de la place des hommes dans la formation pour devenir enseignant.e en premier degré.

Construction et transmission des stéréotypes genrés

Le système scolaire est émaillé de stéréotypes genrés, qui produisent une différenciation fille/garçon bien ancrée, et contribuent à la fois à une construction de soi (Martinot, 2002 ; Monteil et Huguet, 2002), à des choix d'orientations à tous les niveaux de la scolarité, et *a posteriori* à des choix de carrières professionnelles stéréotypées (Baudelot et Establet, 1992 ; Duru-Bellat, 2004 ; Guimond et Roussel, 2002 ; Mosconi, 2001 et 2004 ; Zaidman, 1996).

Un exemple éclairant concerne les matières scolaires, hiérarchisées en fonction du prestige scolaire et social qu'elles véhiculent (Lieury et Fenouillet, 2006 ; Monteil, 1988). Dès l'école primaire, les filles s'estiment moins compétentes en mathématiques (matière à fort prestige) que les garçons, et ce, contrairement aux résultats scolaires obtenus (Duru-Bellat, 2004 ; Jarlegan, 1999). À l'inverse, la littérature et le français sont définis par les garçons comme plus ennuyeux et comme matière pour les filles (Archer et Macrae, 1991 ; Morin-Messabel et Ferrière, 2008). Cette hiérarchie des disciplines scolaires émerge très tôt dans la scolarité (Dutrévis et Toczek, 2007 ; Morin-Messabel et Ferrière, 2008), et a rapidement des conséquences en termes de performances scolaires et de représentations de soi. Les stéréotypes dans le système scolaire vont en effet de pair avec des traits typiques reliés aux garçons et aux filles, traits typiques eux-mêmes rattachés à des compétences, des manières d'être, des professions.

Guimond (2010) résume les « dimensions » des jugements stéréotypés portés sur les hommes et les femmes par : « une dimension "masculine" qui fait référence à des aspects agentiques, à la compétence, l'indépendance, et l'individualisme ; et une dimension "féminine" qui fait référence à des aspects communautaires ou relationnels, à la sociabilité, à l'interdépendance et au collectivisme » (p.151). Jugements et matières scolaires conduisent à penser que : « les sciences et les techniques sont territoire masculin ; les lettres, les beaux-arts, les relations aux autres, les savoirs tertiaires, territoire féminin » (Toczek, 2006, p.106). Avec l'âge, ces stéréotypes rattachés aux professions se lient au prestige social, comme le notent Vilhjálmsdóttir et Arnkelsson (2007) dans leur recherche auprès d'adolescent-e-s, au sujet de leurs représentations professionnelles.

L'école primaire, un univers féminin

Les recherches sur le genre et les professions concernent souvent des femmes dans des carrières qualifiées de « masculines ». On pense entre autres aux travaux de Marry (2004) sur les femmes ingénieures, les conductrices de poids lourds (Rodrigues, 2008), les agricultrices (Rieu, 2004), ou les femmes Professeures des Universités (Ollagnier et Solar, 2006). Une réponse à ce déséquilibre numérique dérive d'une surreprésentation des métiers « masculins » : 45 % des femmes qui travaillent sont concentrées dans une vingtaine de professions, sur les 455 catégories socio-professionnelles dénombrées par l'INSEE (Pfefferkorn, 2008). Au-delà de ce déséquilibre, on observe un autre phénomène, en lien avec le prestige social d'une profession : l'augmentation du nombre de femmes dans un corps de métier conduit à la dépréciation de cette profession. Les recherches de Maruani (1985) mettaient déjà en lumière ce phénomène dans le contexte de la création d'un nouvel emploi, différencié selon qu'il s'agissait d'un homme ou d'une femme en termes de qualifications professionnelles, claviste pour les femmes et typographe pour les hommes.

Pour comprendre les représentations à fois sociales et professionnelles du métier de Professeur-e- des Écoles, il semble important de prendre en considération les différentes évolutions en termes de formation depuis plus d'un siècle en France, car elles ont un impact sur les représentations actuelles. Tout d'abord, il s'agit de distinguer l'école élémentaire de l'école maternelle, ainsi que le phénomène de mixité et de coéducation (Zancarini-

Fournel, 2004). Sans retracer l'histoire de l'école primaire exhaustivement, nous retiendrons d'abord que l'école maternelle est créée en 1881, et devient dans les années 1960 « préélémentaire », c'est-à-dire qu'elle est rapprochée de l'école élémentaire (Zaidman, 1996). En termes de mixité dans la formation des enseignant.e.s, c'est à partir de 1973 que les Écoles Normales mettent en place la mixité dans leur formation. Il faut attendre 1977, notamment avec l'instauration des cycles, pour que les hommes soient autorisés à enseigner en maternelle (Jaboin, 2008). Cependant, la présence d'une minorité d'hommes dans cette profession, n'est pas un phénomène récent, comme le soulignaient Baudelot et Establet (1971) : les femmes représentaient 62 % du corps enseignant en 1923, et 67,2 % en 1930. De même, Léger (1983) notait il y a une trentaine d'années des différences hommes/femmes dans l'Éducation Nationale. Pour les hommes, le statut d'enseignant permet une promotion sociale (Cacouault-Bitaud, 2001), ce qui est moins le cas chez les femmes, plutôt issues de couches sociales dites aisées, qui se dirigent vers ces professions plus « conciliables avec la condition féminine » (Chapoulie et Mellié dans Léger, 1983 p.61).

Ce phénomène dépasse là encore le cadre français, donc dans une certaine mesure le système de formation, comme le met en évidence Charles (1998) dans son étude sur l'enseignement primaire en France et en Grande-Bretagne, ou bien Isambert-Jamati (1965), reprenant les études de Berger et Benjamin (1964) sur le prestige social de cette profession : « C'est le bas niveau de prestige de la profession enseignante pour les hommes qui explique, pensent les auteurs, les difficultés de recrutement. Comme ces difficultés entraînent, en même temps qu'une féminisation, une baisse de niveau des hommes recrutés eux-mêmes, il y a là un cercle dont il ne sera pas facile de sortir. » (p. 250). Ces données historiques et sociologiques participent à la construction d'une identité, mais aussi d'une représentation de ce métier.

Quelle place pour les hommes Professeurs des Écoles

Être Professeur-e des Écoles est dans le sens commun un métier plutôt catégorisé comme « féminin », en lien avec des attentes vocationnelles qui dépassent la formation scolaire et universitaire, autour de l'enfant, du faire grandir, et du prendre soin. Une note d'information datant de 1999 intitulée « Devenir professeur des écoles » cite Ramé (1999) : « les représentations sociales liées à la socialisation de sexe jouent à plein rendement : gérer scolairement la petite enfance apparaît mentalement comme un métier de femmes reposant sur la construction sociale idéologique, subjective et réductive de "l'instinct maternel" » (p.52). Cette « distribution » au sein même d'une profession très féminisée est renforcée par une hiérarchisation forte et ordonnée, à l'image des écoles rurales de l'entre-deux guerres où l'institutrice prenait en charge les plus petit-e-s, et l'instituteur les plus âgé-e-s (Zancarini-Fournel, 2004). En effet, à l'intérieur même du système éducatif, on observe de la maternelle à l'université une représentation figée et hiérarchisée des positions occupées. Il s'agit du « plafond de verre » (Laufer, 2005) dont sont victimes les femmes dans l'enseignement comme dans d'autres secteurs professionnels, c'est-à-dire d'une barrière bloquant leur évolution professionnelle[58]. Coleman (1996) et Williams (1992) parlent quant à eux de « tapis de verre roulant », pour qualifier le phénomène inverse : les hommes, lorsqu'ils appartiennent à des corps de métiers assimilés à des métiers féminins, montent plus rapidement dans la hiérarchie. Toujours pour l'année 2012, 73,3 % de femmes dirigent des établissements élémentaires. Dans son étude, Jaboin (2008) a plus particulièrement interrogé vingt-neuf Professeurs des Écoles hommes, et elle précise que plus d'un tiers sont direc-

---

[58] Pour l'année 2012 les femmes représentaient 81,6 % du corps enseignant en premier degré, 57,9 % en second degré, 45,9 % du personnel de direction du second degré. Au sein des Universités, les statistiques officielles datant de 2010, comptabilisent 54,5 % de Maîtresses de Conférences en Lettres et sciences humaines et 34, % de Professeures des Universités ; et 32,6 % de Maîtresses de Conférences et 15,4 % de Professeures des Universités dans le champ des Sciences et techniques.

teurs d'école. Ces derniers évoquent même, avec l'accès à ce statut, une « compensation ».

Les études portant sur les hommes enseignant en premier degré, en France et ailleurs, mettent en avant une difficulté pour ces derniers à trouver leur place dans un univers féminin. Ils sont décrits comme : « sportif, amusant, viril, père de substitution, et non pas comme une personne qui élève et éduque de façon douce et affectueuse »[59] (Smith, 2004 *in* Cushman, 2005). Les représentations genrées prennent le dessus sur des représentations et surtout des compétences d'ordre professionnel. En effet, les campagnes de recrutement qui cherchent à intégrer plus d'hommes dans le premier degré prennent bien souvent appui sur l'argument d'une représentation égalitaire des hommes et des femmes. Cet argument paraît tout à fait pertinent, surtout quand on sait combien les modèles identificatoires sont importants pour les enfants. En revanche, ce type de recrutement « orienté » est fréquemment mis en lien dans les travaux anglo-saxons, avec le manque de figure paternelle chez les élèves, notamment autour du concept de masculinité (Francis et Skelton, 2001 ; Skelton, 2002 et 2003 ; Martino, 2008). Cela provoque alors des attentes différenciées entre hommes et femmes, non plus en termes de compétences « professionnelles », mais en termes de compétences « innées », puisque rattachées à des traits typiques stéréotypés. Plus précisément, ces compétences sont mises en lien avec des stéréotypes genrés de « maternage » et de « *care* » chez les femmes, et de la figure paternelle et d'autorité chez les hommes.

L'enseignement en premier degré reste dans ces conditions un « territoire » féminin, où les hommes ne se sentent pas à leur place, où ils sont enjoints d'accentuer des traits typiques masculins, en incarnant la figure d'autorité en cas de chahut dans la classe d'une de leur collègue (Cushman, 2005), ou en étant sollicités pour des tâches demandant une force physique, comme déplacer des objets lourds (Cushman, 2005 et 2008 ; Sargent,

---

[59] « Sporty, fun, manly, father substitutes and not soft and caring nurturers » (traduction libre)

2000 ; Williams, 1992). D'après Sargent (2000), l'identité enseignante et l'identité masculine vont même jusqu'à être deux identités contradictoires.

Influence des enseignant.e.s et transmission

Le champ de la psychologie sociale s'est très tôt intéressé au contexte scolaire comme lieu de transmission de normes, de valeurs et de croyances, mais également d'attentes de l'enseignant.e envers les élèves. Les travaux princeps de Rosenthal et Jacobson (1968) sur « l'effet pygmalion », même s'ils ont pu par la suite être discutés (Gilly, 1980), n'en restent pas moins l'exemple type des « prophéties auto-réalisatrices » (Brophy, 1983 ; Good et Brophy, 1973). Tous les travaux à ce sujet font état de la sensibilité des élèves aux phénomènes psychosociaux, tels que les retours qui leurs sont rendus en contexte éducatif par les enseignant.e.s notamment, sous des formes explicites telles que l'évaluation, mais également inconscientes, par des comportements. Ces processus en jeu questionnent donc les transmissions de représentations, dans notre cas genrées.

Or, on peut noter que les représentations et leurs modes de transmissions sont relativement peu abordés en formation d'adultes. Pourtant, comme le souligne Lautier plus largement au sujet de la socialisation professionnelle des enseignant.e.s : « L'Université et surtout les modalités de préparation des concours de recrutement exercent une influence considérable sur la création des attitudes d'enseignement. » (2001, p. 209). Les travaux d'Avenel et Fontanini sur les interactions verbales différenciées ou non dans l'enseignement supérieur en fonction du genre posent également cette question et soulignent l'enjeu qu'il y a « tant pour les formateur.trice.s dans le supérieur que pour les futur-e-s formateur.trice.s, à montrer l'importance de la variable sexe dans l'apprentissage des adultes » (2009, p. 1). C'est aussi un constat soulevé par Ollagnier (2010), au sujet des pédagogies féministes, qui mettent en exergue l'importance de la prise en compte du genre dans la formation d'adultes plus largement.

On pourrait alors envisager que, comme leurs collègues du premier et du second degré, les formateurs et formatrices pour les futurs enseignant.e.s du premier degré, influencé-e-s par les représentations genrées de la profession de Professeur-e des Écoles, aient des attentes différenciées selon le sexe des étudiant-e-s. On peut également se demander si le système de formation pour devenir Professeur-e des Écoles laisse une place aux hommes, et si l'on n'assisterait pas au même phénomène observé de « découragement » que celui observé pour les filles s'orientant vers les filières étiquetées comme scientifiques et/ou masculines.

Spécificités de la population et du contexte observé

Nous avons analysé des rapports de visite, rédigés par les formateur.trice.s, après les observations réalisées dans les classes où les étudiant-e-s en formation sont en stage. L'objectif de cet outil institutionnel est de décrire la visite, mais aussi de donner des conseils à l'enseignant.e stragiaire. Il est donc vecteur de représentations et d'attentes de la part des formateur.trice.s, afin d'être, dans un sens, en « conformité » avec les représentations professionnelles et les normes du métier. Cependant quelques points doivent être soulignés.

Tout d'abord, la formation en IUFM n'existe plus en tant que telle actuellement, mais que les formateur.trice.s sont toujours présent-e-s dans le nouveau système de formation, et les actuels Master 2 enseignement ont toujours des stages et des visites de stage. De plus, il s'agit, nous l'avons vu, d'un sujet qui dépasse le système de formation français, comme l'attestent les différentes recherches réalisées hors hexagone.

Il s'agit également de noter la particularité de la population observée et qui émane de la pluridisciplinarité des formateur.trice.s aux métiers de l'enseignement. Comme le résume Lautier : « Les formateurs sont composés d'universitaires et d'anciens professeurs des Écoles Normales pour la partie théorique, et de conseillers pédagogiques enseignants dans les établissements pour l'encadrement des stages pratiques. » (2001, p.

210) Un-e stagiaire peut avoir comme visiteur-euse, des enseignant.e.s universitaires ou des enseignant.e.s formés en Écoles Normales ou IUFM. Enfin, la formation, et c'est encore le cas à l'heure actuelle, prépare à l'enseignement de la maternelle au CM2, ce qui produit alors des rapports de visites forcément hétérogènes. Mais c'est justement de cette hétérogénéité que nous pouvons dégager des représentations homogènes, car récurrentes.

L'échantillonnage comprend 114 rapports de visite analysés en fonction des variables suivantes[60] :

– le sexe des étudiant-e-s visité-e-s ;

– le cycle (1, 2 et 3) dans lequel était effectué le stage ;

– le sexe des formateur.trice.s réalisant la visite.

S'agissant d'un corpus écrit, nous avons procédé à une analyse textuelle de ces rapports de visite, par l'intermédiaire du logiciel d'analyse de données textuelles Alceste[61] (Kalampalikis, 2003 ; Reinert, 1993). Cette technique d'analyse est basée sur une méthode statistique qui divise le corpus textuel sur un système de co-occurrences. Le principe de cette méthode d'analyse « n'est pas le calcul du sens, mais l'organisation topique du discours à travers la mise en évidence des "mondes lexicaux" » (Kalampalikis, 2003, p. 151) qui sont « les traces les plus prégnantes de ces activités dans le lexique » (Reinert, 1993, p. 11). Cela permet alors de dégager des champs représentationnels dans le discours[62]. Le découpage du corpus par co-occurrences

---

[60] L'échantillonnage est composé d'hommes formateurs visitant des stagiaires hommes PE (5 en cycle 1, 10 en cycle 2 et 6 en cycle 3) ; d'hommes formateurs visitant des stagiaires femmes PE (10 en cycle 1, 8 en cycle 2, 11 en cycle 3) ; de femmes formatrices visitant des hommes PE (10 en cycle 1, 8 en cycle 2, 11 en cycle 3) et de femmes formatrices visitant des femmes PE (11 en cycle 1, 10 en cycle 2 et 10 en cycle 3).

[61] ALCESTE pour Analyse des Lexèmes Co-occurents dans les Enoncés Simples d'un Texte.

[62] Le logiciel fonctionne en plusieurs étapes : d'abord par la distinction d' « unités de contexte initiales », qui sont les variables définies dans la re-

propose donc une organisation du discours, et dégage les grands systèmes représentationnels dans le discours des formateur.trice.s, en lien avec les variables signalées.

Topographie du discours des formateur.trice.s
par champs lexicaux

Champs thématiques, poids dans le corpus (%) et variables significatives (VS)	Formes réduites lemmatisées des présences les plus significatives
Compétences techniques (23 %) VS : *Formateurs, Cycle 3*	preparat+ion, analyse+, seri+eux, objectif+, compet+ent, re+el, apprenti<, positi+f, professionn+, pratique+, fiche+, detaill+er, cahier journal, programm+e, situation+, didactique+, point+, pedagogu<, reflex+ion, format+ion, mise en œuvre, apparaître. , concept+ion, sens, adapt+er, capacite+, evaluat+ion, qualite+, mise+, reussite+, lucid+e, clairement, montre+, satisfaisant, permis, analys+er, NC3, outil+, fourn+ir, rigueur+
Gestion du groupe classe (17 %) Pas de VS	voix, attenti+f, autorit<, gestion<, ecout+er, calm+, serein+, adulte+, regle+, respect+, posture+, gerer+, vie+, attitude+, mode+, confi+ant, relation+, exig+ent, ferme+, sa, bonne+, ses, malgré, regard+, metier+, elev+er, changement+, effort+, dynam+, climat+, contact+, tendance+, interact+, encouragement, import+ant, favoris+er, capt+er, comportement

cherche (dans notre cas le sexe des formateur.trice.s, le sexe des stagiaires, et le cycle) ; et des « unités de contexte élémentaires », ou u.c.e. qui correspondent à des « phrases » sélectionnées par le logiciel (à l'aide de la ponctuation, du nombre de mots, etc.). L'analyse du discours se déroule alors en quatre étapes, elles-mêmes sous-divisées, pour découper le corpus en « unités de contexte élémentaires », en classant le vocabulaire présent et absent. Cette méthode d'analyse permet de distinguer l'existence de « mondes lexicaux » dans le discours en fonction de la présente et l'absence de mots (les « classes »).

Pratiques techniques (25 %) VS : *Formatrices, Cycles 2 et 3*	mot+, individu<, collecti+f, correcti+f, tableau+, texte+, exercice+, ecrit<, corrig+er, NC2, cahier+, commun+, vocabulaire+, eleve+, ora+l, question+, reponse+, puis, comprehension, dictee+, orthograph<, forme+, calcul+, phonem+, nouveau+, recherche+, CE1, fois, verbe+, trac+er, resume+, repondre., brouillon+, leur, phase+, repet+er
Le domaine littéraire (8 %) VS : *Formatrices, Cycles 2 et 3*	album+, personnage+, monde+, illustrat+ion, langue+, page+, projet+, histoire+, saux, alain, lire., auteur+, precedent+, litterair<, caracteris<, litterat<, declin+er, lecture+, inscrire., ecriture+, art+, ecrire., produire., nom+, poe+, emploi+, producti+f, ORL, domaine+, ouvrage+, creat+ion, descripti+f, accompagn+er, structure+, conte, langagier+, journee+, programme+
Pratiques organisationnelles en maternelle (8 %) VS : *Cycle 1 et PE2 fille*	Date+, accueil+, ritu+el, compt+er, regroup+er, etiquette+, pres+ent, comptine+, signa+l, appel+, libre+, cantine+, gout+er, commenc+er, rang+er, numer+, abs+ent, chanson+, marqu+er, service+, NC1, meteo, arrivee+, coin+, enf+ant, matinee+, prenom+, main+, parent+, neu+f, recit+er, musique+, chant+er, jour+, valise+, vacance+, chiffre+, entr+er
Informations préliminaires (8 %) Pas VS	ecole+, stage+, file+, nom de la ville, classe+, situe+, effectu+er, spaci+eux, nom de l'école, milieu+, section+, titulaire+, responsa<, directeur+, effecti+f, mardi+, urbain+ ; visite+, primaire+, CM2, annee+, decharg+er, jeudi+, petit+, matern+el, loca+l, REP, fil+er, masse+, elementaire+, CM1, son, CE2, ordinateur+, ZEP, etroit+, agreable+, condition+, charge+, favorable+

Le logiciel d'analyse a permis de dégager sept grandes classes lexicales (ou sept champs représentationnels) dans le discours des formateur.trice.s. À chaque classe sont associés des mots ou traits lexicaux typiques, qui permettent d'appréhender des champs représentationnels dans le discours.

Des représentations professionnelles partagées

Nous pouvons noter dans un premier temps que deux classes, donc deux champs représentationnels, possèdent les mêmes caractéristiques : ils ne subissent donc pas d'effet de variables.

Tous les rapports de visite remplis par les formateur.trice.s commencent par une introduction contextuelle, reprenant des informations, telles que le lieu où s'est déroulée la visite avec le nom de la ville, la classe (maternelle, cours élémentaire), en zone urbaine, en REP, ainsi que des indications relatives aux conditions matérielles (espace étroit, agréable, présence d'ordinateurs...).

Extraits caractéristiques pour « informations préliminaires » :

> « Cette visite intervient dans le cadre du stage filé. Quatre classes dans cette école située en ZEP. La classe est spacieuse. L'effectif est de 15 élèves, 4 ont des difficultés importantes, tant à l'oral qu'à l'écrit. Certains sont plutôt agités et ont beaucoup de mal à conserver leur attention même sur une courte durée. Les élèves sont répartis dans la classe par petits îlots de 4 (ils sont face à face). » (Sujet 46, Formateur, observation d'un stagiaire homme en Cycle 2)

> « Bonnes conditions de stage, école calme, cadre verdoyant, classe spacieuse. » (Sujet 112, Formatrice, observation d'une stagiaire femme en Cycle 1)

Cette classe intitulée « Informations préliminaires », regroupe les informations, et est logiquement très homogène et sans aucun effet de variable, puisque commune à tous les rapports de visite.

Le second champ représentationnel ne présentant pas de variable significative est la classe 2, que nous avons nommé « Gestion du groupe classe ». Au sein de cette classe, deux « sous champs » se dégagent : l'un relatif à l'ambiance générale dans le groupe, avec des termes tels que « calme », « serein »,

« climat » ; et l'autre en lien avec l'attitude des stagiaires : la voix, la gestion du groupe classe.

Extraits caractéristiques de « gestion du groupe classe » :

> « XX semble avoir compris les principes de la posture enseignante au niveau des apprentissages, de l'organisation générale et de son autorité auprès des élèves. Il montre par ailleurs une capacité importante de travail et de recul avec une prise de conscience de ce qui aurait pu être amélioré. » (Sujet 15, Formatrice, observation d'un stagiaire homme en Cycle 1)

> « XX gère sa classe avec autorité et calme. On sent qu'elle est à l'aise. Je lui conseille de mieux moduler sa voix, et de toujours donner des consignes aussi claires que celles de la séance de lecture. » (Sujet 57, Formateur observant une stagiaire femme en Cycle 2)

> « Les choix sont pertinents. La gestion de cette classe nécessite cependant une attention constante du professeur. XX sait imposer son autorité avec calme et sans élever la voix. » (Sujet 43, Formateur, observation d'un stagiaire homme en Cycle 3)

Les questions d'autorité et de gestion de classe semblent donc transversales, car elles concernent tous les cycles, les stagiaires hommes et femmes, et sont d'égale importance pour les formateurs et les formatrices. Au regard des recherches déjà réalisées à ce sujet dans les pays anglo-saxons, nous aurions pu nous attendre à ce qu'il y ait des attentes genrées en fonction de traits typiques attribués aux hommes au sujet de l'autorité et du cadre, ce qui n'est pas le cas.

Discours typique des hommes formateurs en visite en Cycle 3

La classe intitulée « Compétences techniques », regroupe les considérations relatives aux compétences techniques des stagiaires, avec des termes tels que « préparation », « objectifs », « cahier-journal », « fiches », « programme », « didactique », « pédagogie ». Le discours est orienté vers les aspects positifs de l'observation, qui sont mis en avant par des termes comme « sérieux », « satisfaisant », « qualité », « positif », ou encore « rigueur ».

Extraits caractéristiques de « compétences techniques » :

> « La préparation matérielle, rigoureuse, est soucieuse de proposer aux élèves des outils adaptés aux intentions didactiques envisagées. Le déroulement des séances est envisagé avec rigueur, alternant des mises en situations variées et reposant sur des dispositifs pédagogiques adaptés aux intentions. » (Sujet 95, Formateur, observation d'une stagiaire femme en Cycle 3)

> « Les écrits sont clairs, très bien organisés, ils révèlent un travail de XX extrêmement sérieux. Les programmations, progressions et préparations permettent de lire ce qui a été fait dans l'année, le cahier-journal est un outil succinct et clair sur lequel figurent les bilans des séances ». (Sujet 30, Formateur, observation d'un stagiaire homme en Cycle 3)

Ce type de discours est particulièrement énoncé par les hommes formateurs, lorsqu'ils ont visité une classe de Cycle 3, et aussi bien en direction des stagiaires hommes et femmes. Le discours est là encore très homogène, puisque qu'il n'est significatif que dans cette classe dégagée par le logiciel, et plus particulièrement face à des stagiaires en Cycle 3.

Discours typique des femmes formatrices à l'école primaire

On note d'emblée que, contrairement à ce que nous venons de souligner quant au discours des hommes formateurs, deux champs représentationnels émanent des rapports de visite des femmes formatrices, qui opèrent un regroupement entre les Cycles 2 et 3.

La classe 3 « Pratiques techniques » est assez descriptive, notamment autour de l'observation d'une séquence dans la classe. Il s'agit de présenter les outils à la disposition des élèves (tableau, texte, exercice, cahier, brouillon), les exercices mis en place, les disciplines scolaires, que Lautier décrit comme « les apprentissages de base, se résumant par la formule apprendre à "lire, écrire, compter" » (2001, p.1 63), et que nous pouvons considérer comme relevant le plus du « sens commun » à l'école primaire.

Extraits caractéristiques de « pratiques techniques » :

> « La consigne est reformulée par un élève. Les notions nécessaires à cet exercice sont rappelées lors de la correction : il faut les donner avant l'activité, afin de mobiliser les pré-requis. Le recours à la terminaison n'est pas évoqué lors de la consigne. Les élèves devraient avoir accès à un outil d'aide à la réalisation : cahier de règles, affichage... » (Sujet 23, Formatrice, observation d'un stagiaire homme en Cycle 3)

> « De toute évidence, l'espace tableau est trop petit pour deux niveaux. XX demande aux élèves toujours de façon collective de conjuguer le verbe "jouer". Pourquoi ne pas les laisser conjuguer individuellement ce verbe dans le cahier de brouillon ? Une fois la conjugaison écrite au tableau, on ne conserve que les 3 personnes qui conviennent. » (Sujet 26, Formatrice observant un stagiaire homme en Cycle 2)

Nous avons plutôt affaire à des pratiques techniques en classe, par opposition à la classe 5, nommée « Domaine littéraire », qui fait très explicitement référence au domaine littéraire puisqu'il ressort même de ces discours le nom et le prénom d'un écrivain, « Alain le Saux ». Cette classe décrit les séquences observées en littérature, autour de la lecture, de la production écrite. Les termes sont très proches : « littéraire », « littérature », « écriture », « écrire », « conte », mais aussi « produire », « productif », « création ».

Extraits caractéristiques de la classe 5 (domaine littéraire) :

> « Cette séance fait suite à la découverte des albums d'Alain Le Saux construits sur le principe d'une

> structure répétitive caractéristique. Ce précédent travail a donné lieu à l'élaboration d'une affiche avec les élèves sur les caractéristiques des albums, très bien conçue, affichée au tableau. » (Sujet 24, Formatrice observant un stagiaire homme en Cycle 2)

> « Elle mène entre autres un projet en littérature sur la lecture de romans policiers, avec comme point d'orgue l'écriture par les enfants d'une nouvelle policière. » (Sujet 83, Formatrice observant une stagiaire femme en Cycle 3)

En termes représentationnels, nous l'avons souligné, le discours des hommes formateurs, est plus homogène que celui des femmes formatrices. On dégage plus exactement une opposition en termes descriptifs dans le discours des formateurs qui se focalisent sur les stagiaires, alors que les formatrices sont plutôt centrées dans leurs observations sur les élèves des stagiaires.

L'école maternelle

Les deux dernières classes mises en évidence sont spécifiques au Cycle 1. La classe 4 « Description de séance en maternelle », regroupe des termes significatifs qui décrivent des activités proposées spécifiquement à ce niveau : « atelier », « motricité », « lutte », « peinture », « puzzle », « pâte à modeler », ainsi que l'organisation du groupe et la gestion de classe. La présence dans cette classe d'une ATSEM, personne encadrant spécifiquement en maternelle, va également dans ce sens.

Extraits caractéristiques « description de séance en maternelle » :

> « En salle de motricité, la maîtresse propose un travail sur les notions intérieur, extérieur, devant, à côté, derrière, jeu avec des cerceaux, séance bien animée mais attention aux positions ambiguës. Être très précise et justifier la raison pour laquelle l'enfant est éliminé. » (Sujet 112, Formatrice observant une PE femme en Cycle 1)

> « Ateliers : les élèves sont répartis en 4 groupes ; un groupe géré par l'ATSEM trace des cercles concentriques autour d'une gommette, à la peinture, à l'aide d'une éponge. Le deuxième groupe, suivi par l'enseignante, doit tracer au feutre des cercles en partant d'une gommette. Les deux autres groupes, en autonomie, doivent réaliser des boudins et des boules de pâte à modeler pour reproduire des figures dessinées sur papier. » (Sujet 68, Formateur observant une stagiaire femme en Cycle 1)

La classe « Pratiques organisationnelles en maternelle » est la seule où l'on observe un effet de variable en termes de stéréotypes genrés dans l'école. Les formateurs et formatrices associent les stagiaires femmes au Cycle 1. Les termes relatifs à ce groupe décrivent l'accueil en classe de maternelle, par l'intermédiaire des routines du matin : l'accueil, le regroupement par une musique ou un chant, les rituels avec la date, le comptage des présents et des absents, bien souvent pour la cantine, les étiquettes avec les prénoms, le « Quoi de neuf ? ».

Extraits caractéristiques de la classe 6 (pratiques organisationnelles en maternelle) :

> « Le temps d'accueil ne s'éternise pas et la maîtresse donne le signal du rangement et du regroupement. Après les rituels de la date et du comptage des absents, la maîtresse amène la boîte de Petit Ours Brun. Cette boîte contient des objets dont les élèves doivent se rappeler. » (Sujet 61, Formateur observant une stagiaire femme en Cycle 1)

> « Comptine pour se calmer, les enfants sont assis sur les bancs et participent au rituel de la date, des services de la veille et du jour même, de la météo. Puis les élèves se comptent à l'aide de la maîtresse et nomment les absents à l'aide des étiquettes. » (Sujet 99, Formatrice observant une stagiaire femme en Cycle 1)

Des observations orientées par les stéréotypes genrés

Au regard des différentes recherches menées sur la profession de Professeur-e des Écoles chez les hommes, et plus largement dans le corps de métier relatif à l'enseignement, une corrélation est établie entre l'attente d'autorité et le fait d'être un homme Professeur des Écoles (Cushman, 2005). Ce lien n'est pas surprenant, car c'est une dérive des traits typiques assignés aux hommes. Nous aurions donc pu nous attendre à ce que ce rapprochement entre autorité et homme ressorte dans le discours des formateurs et des formatrices, comme champ représentationnel, et donc comme attente de leur part et plus largement des normes implicites du métier. Cette thématique, que nous avons nommé « autorité », et qui recouvre la « gestion de classe », est bien présente en tant que champ représentationnel à part entière dans les discours issus des préconisations, mais aucune variable n'est significative. En d'autres termes, elle en devient dans un sens prédominante, car transversale : il s'agit pour les formateurs et les formatrices, et ce quel que soit le niveau d'intervention (de la maternelle au Cycle 3), et quel que soit le sexe du stagiaire, de la thématique majeure dans leurs observations et leurs préconisations. Cependant, cette terminologie doit être employée avec prudence, comme le résume bien Perrenoud : « Lorsqu'on dit gestion de classe, tout le monde voit à peu près ce dont on parle. Mais si l'on demande une définition précise, on se rend compte que l'expression permet de désigner commodément tout ce qui ne relève pas d'une discipline et de la didactique correspondante. Elle fonctionne comme un fourre-tout, un reste, un ensemble faiblement analysé. » (1999, p. 539) Il semblerait donc que nous touchons sur ce point à un des enjeux majeur et transversal de la formation des futur-e-s enseignant.e.s.

L'école maternelle, un lieu féminin

Toujours en lien avec les stéréotypes genrés rattachés aux hommes et aux femmes dans l'enseignement, nous pouvions nous attendre à ce qu'émerge des discours un champ représentationnel reliant les femmes et le « *care* », le « maternage ». L'analyse du discours en termes de co-occurrences met en évidence, un effet (le seul) : être une femme stagiaire en Cycle 1, et ce de la part des femmes et des hommes formateurs. Il existe donc bien un système de représentations ancré, aussi bien de la part des formateurs et formatrices, et s'appuyant sur des représentations genrées. Ces représentations sont encore véhiculées et accentuées dans le sens commun par cette école toujours appelée « maternelle », où les Agents Territoriaux Spécialisés des Écoles Maternelles sont très majoritairement des femmes (Jaboin, 2008), et où « l'heure des mamans » est toujours de rigueur. Dans le cadre de la formation, les formateurs et formatrices transmettent par l'intermédiaire de cet outil institutionnel, à la fois évaluateur et remédiateur, des représentations stéréotypées.

Avoir des attentes différenciées et des représentations genrées rattachées à des cycles pose problème de manière plus large au sein du système éducatif, car les cycles scolaires ne sont théoriquement pas sexués. La transmission de ces représentations peut alors à la fois renforcer le système de représentations, et ce à deux niveaux, si l'on se réfère aux travaux de Bataille : d'abord en termes de représentations sociales, c'est-à-dire socialement partagées dans le sens commun et permettant un « décodage » (Jodelet, 1989 ; Moscovici, 1961) ; mais également au niveau des « représentations professionnelles » (Bataille, 2000), ce qui pourrait expliquer les difficultés en termes de formation et de titularisation chez les hommes en formation pour devenir enseignant du premier degré. En d'autres termes, les hommes qui choisissent de devenir Professeurs des Écoles, et qui par la suite enseignent à l'école maternelle, iraient à la fois à l'encontre des « représentations sociales » genrées de cette profession, mais aussi des « représentations professionnelles », ces dernières ayant la particularité d'être « élaborées dans l'action et l'interaction professionnelles » (Piaser, 2000, p. 60).

Une posture de formation différente selon le sexe des formateur.trice.s

En se penchant spécifiquement sur les différences observées chez les formatrices et formateurs eux-mêmes, on distingue des variations à la fois au niveau des discours et des préconisations, mais aussi en termes d'observation sur les « élèves ». Les formateurs se distinguent par un discours particulièrement homogène en direction du Cycle 3, autrement dit des « grands ». Cela n'est pas sans faire penser à la hiérarchie présente dans le système scolaire : beaucoup de femmes à l'école maternelle, et plus d'hommes en Cycle 3, comme le résume bien Delcroix : « Il existe dans l'opinion une idée convenue : un homme a davantage sa place dans les niveaux à forts enjeux comme le CM1 et le CM2, puisqu'ils ont plus d'autorité pour gérer les élèves plus "difficiles", et que les programmes contiennent des matières plus ardues à enseigner telle que la géométrie » (2009, p. 105). Nous pouvons d'ailleurs dans ce sens noter la présence dans le champ représentationnel « Informations préliminaires », la présence du terme « directeur » lemmatisé, ce qui signifie qu'il ne prend pas en compte « directrice ». Cette remarque est le reflet d'une réalité autour d'une « surreprésentation » proportionnelle des hommes à la tête des écoles. Les hommes formateurs posent majoritairement un regard bienveillant et positif sur les Professeur-e-s des Écoles, et ils rendent comptent de compétences techniques, à la fois en termes pédagogiques et didactiques. Pour résumer, ils ont plutôt une posture de formateur face à des étudiant-e-s en formation, en apprentissage.

S'agissant des femmes formatrices, le discours est plus hétérogène, et ne dissocie pas les Cycles 2 et 3. Deux points sont mis en exergue lorsque l'on analyse les champs représentationnels de leurs discours. Tout d'abord, et par opposition avec ce que nous venons de souligner, les observations sont portées de manière privilégiée sur les élèves de la classe, et beaucoup moins comme c'est le cas chez les hommes formateurs, sur les stagiaires. Ensuite, elles opèrent une distinction entre les disciplines scolaires, qualifiés d'« apprentissage de base » par Lautier (2001), et la littérature, en lien avec la création. À la différence des hommes formateurs, chez lesquels rien de ce type ne ressort dans le discours, les femmes formatrices ont un discours spécifique, et donc des représentations rattachées aux disciplines scolaires, représentations assez conformes aux stéréotypes des femmes « littéraires », par opposition aux « scientifiques », terme qui d'ailleurs n'apparaît pas dans les discours, accentuant alors la présence de la « littérature ».

Enjeux de la formation au genre chez les formateur.trice.s

Cette recherche met en évidence à la fois des attentes différenciées de la part des formateurs et des formatrices par l'intermédiaire d'un rapport de visite, mais également des représentations sociales et professionnelles divergentes au sein même de ce corps de métier. Il existe bien dans le discours des formateur.trice.s des stéréotypes genrés relatifs aux représentations de cette profession. C'est particulièrement le cas lorsqu'il s'agit d'observation à l'école maternelle et des femmes stagiaires. Il existe donc des représentations suffisamment ancrées pour qu'il soit légitime de s'interroger en termes de formation à ce niveau. Cette dissociation entre maternelle et élémentaire rejoint les questions toujours d'actualité, quant à la prise en charge de la petite enfance.

Concernant la place des hommes stagiaires, les résultats dégagés vont dans le sens des recherches plus qualitatives réalisées auprès des hommes Professeurs des Écoles, qui font état d'un certain rejet et de difficultés à trouver une place dans cette structure féminine. Ces représentations véhiculées par le discours à l'intérieur de la formation œuvrent, dans une certaine mesure, à « décourager » les hommes d'aller contre les stéréotypes genrés. En effet, l'absence d'un champ représentationnel spécifique aux hommes stagiaires peut sembler étonnante, puisque les difficultés dans la formation sont avérées. Il aurait été logique que les formateurs et formatrices aient un discours différencié en leur direction. En minorité et proportionnellement plus en difficulté, ils ne reçoivent pas de préconisations ni de conseils spécifiques. Rien de particulier sur ce point n'est souligné dans les rapports. Leurs difficultés semblent donc, dans une certaine mesure, ignorées.

Pour conclure, les pistes dégagées prennent une signification et ont des conséquences particulières, dans ces périodes de changements institutionnels pour former les futur-e-s Professeur-e-s des Écoles. Les observations et les perspectives dégagées ici sont donc à relativiser, car elles doivent être contextualisées dans une formation en cours de réorganisation. Pour autant, ces formateurs et formatrices sont toujours en exercice, et la problématique de la transmission des représentations genrées dans le monde de l'éducation et la formation n'en reste pas moins décisive et toujours d'actualité. Tout comme la problématique majeure de l'autorité et la gestion de classe, qui font consensus dans les préconisations des formateur/trices.

Cette recherche confirme l'existence de représentations sociales et professionnelles du métier d'enseignant.e à l'école primaire, historiquement genré féminin, et encore plus auprès des jeunes enfants, et à l'école maternelle. Elle atteste également de l'importance de la formation de formateur.trice.s autour des phénomènes psycho-sociaux, ainsi que de la sensibilisation aux problématiques de genre.

Bibliographie

Archer, J. & Macrae, M. (1991). Gender Percpections of School Subjects Among 10-11 Years Olds. *British Journal of Educational Psychology, 61*, 99-103.

Avenel, C. & Fontanini, C. (2009). *Les interactions étudiant.e.s / formateur.trice.s selon le genre dans le cadre de formations pour adultes*, Montpellier, « Colloque des Cahiers du CERFEE et du LIRDEF ».

Bataille, M. (2000). Représentation, implicitation, implication. Des représentations sociales aux représentations professionnelles. Dans C. Garnier & M.-L. Rouquette (Dirs.), *Représentations sociales et éducation* (p.165-189). Montréal : Éditions Nouvelles AMS.

Baudelot, C. & Establet, R. (1971). *L'école capitaliste*. Paris : Maspero.

Baudelot, C. & Establet, R. (1992). *Allez les filles !*. Paris : Seuil.

Berger, I. (1979). *Les instituteurs d'une génération à l'autre*. Paris : PUF.

Brophy, J. (1983). Research on the self-fulfilling prophecy and teacher expectations. *Journal of Educational Psychology, 70*, 631-661.

Cacouault-Bitaud, M. (2001). La féminisation d'une profession est-elle le signe d'une baisse de prestige ?. *Travail, genre et société, 5*, 99-103.

Carrington, B. (2002). A Qintessentially Femininie Domaine ? Student Teachers' Constructions of Primary Teaching as a Career. *Educational Studies, 28*(3), 287-303.

Carrington, B. & Skelton, C. (2003). Re-thinking "role models" : equal opportunities in teacher recruitement in England and Wales. *Journal of Educational Policy, 18*(3), 253-265.

Charles, F. (1998). L'accès à l'enseignement primaire en France et en Angleterre : dispositions et processus de cooptation pour occuper un emploi féminin. *Revue Française de Pédagogie,* 124, 29-42.

Coleman, M. (1996). Barrieres to career progress for women in educatio : The perceptions of female headteachers. *Educational Research, 38,* 317-332.

Cushman, P. (2005). Let's hear it from the male : Issues facing male primary school teachers. *Teaching and Teacher Education, 21,* 227-240.

Cushman, P. (2008). So What Exactly Do You Want? What Principals Mean when They Say "Male Role Model". *Gender and Education,* 20(2), 123-136.

Delcroix, C. (2009). *Professeur-e-s des Écoles : carrières et promotions. Les identités professionnelle sexuées des enseignant.e.s du premier degré,* Thèse de doctorat en Sciences de l'Éducation, non publiée, Université Paris X-Nanterre Ouest La Défense, Paris.

Duru-Bellat, M. (2004). *L'école des filles. Quelle formation pour quels rôles sociaux ?* Paris : L'Harmattan.

Dutrévis, M. & Toczek, M.-C. (2007). Perception des disciplines scolaires et sexe des élèves : le cas des enseignants et des élève de l'école primaire en France. *L'Orientation Scolaire et Professionnelle,* 36(3), 379-400.

Francis, B. (2008). Teaching manfully? Exploring genderered subjectivities and power via analysis of men teachers' gender performance. *Gender and Education,* 20(2), 109-122.

Francis, B. & Skelton, C. (2001). Men teachers and the construction of heterosexual masculinity in the classroom. *Sex Education, 1*(1), 9-22.

Gilly, M. (1980). *Maître et élèves. Rôles institutionnels et représentations.* Paris : PUF.

Good Thomas, L. & Brophy, J. (1973). *Looking in Classrooms.* New York : Longman.

Guimond, S. (2010). *Psychologie Sociale, Perspective Multiculturelle*. Belgique : Madraga.

Guimond, S. & Roussel, L. (2002). L'activation des stéréotypes de genre, l'évaluation de soi et l'orientation scolaire, Dans J.-L. Beauvois, R.-V. Joulé & J.-M. Monteil (Dirs.), *Perspectives cognitives et conduites sociales*, vol. 8 (p.163-179). Rennes : PUR.

Isambert-Jamati, V. (1965). Berger, I. Benjamin, R., L'univers des instituteurs. *Revue française de sociologie, 6*(2), 248-250.

Jaboin, Y. (2008). La construction de l'identité professionnelle masculine dans un secteur en voie de mixité : le cas des hommes enseignant à l'école maternelle, Dans Y. Guichard-Claudic, D. Kergoat & A. Vilbrod (Dirs.), *L'inversion des genres. Quand les métiers masculins se conjuguent au féminin... et réciproquement* (p.243-255). Rennes : PUR.

Jarlegan, A. (1999). *La fabrication des différences de sexe en mathématiques à l'école élémentaire*, Thèse de doctorat en Sciences de l'Éducation, non publiée, Université de Bourgogne, Dijon.

Jodelet, D. (1989). *Les Représentations Sociales*. Paris : PUF.

Kalampalikis, N. (2003). L'apport de la méthode Alceste dans l'analyse des représentations sociales, Dans, J.-C. Abric (Dir.), *Méthodes d'étude des représentations sociales* (p.147-163). Paris : Erès

Laufer, J. (2005). La construction du plafond de verre : le cas des femmes cadres à potentiel. *Travail et Emploi, 102*, 31-44.

Lautier, N. (2001). *Psychosociologie de l'éducation. Regard sur les situations d'enseignement*. Paris : Armand Colin.

Léger, A. (1983). *Enseignants du secondaire*. Paris : PUF.

Lieury, A. & Fenouillet, F. (2006). *Motivation et réussite scolaire*. Paris : Dunod.

Marry, C. (2004). *Les femmes ingénieurs, une révolution respectueuse*. Paris : Belin.

Martino, W. (2008). The lure of hegemonic masculinit : investigating the dynamics of gender relations in two male elementary school teachers' lives. *International Journal of Qualitatives Studies in Education, 21*(6), 575-603.

Martinot, D. (2002). *Le Soi. Les approches psychosociales.* Grenoble : PUG.

Maruani, M. (1985). *Mais qui a peur du travail des femmes ?* Paris : Syros.

Monteil, J.-M. (1988). Comparaison sociale, stratégies individuelles et médiation socio-cognitives. *European Journal of Psychology of Education, 3*, 3-19.

Monteil, J.-M. & Huguet, P. (2002). *Réussir ou échouer à l'école : une question de contexte ?.* Grenoble : PUG.

Morin-Messabel, C. & Ferrière, S. (2008). Contexte scolaire, appartenance catégorielle de sexe et performance. De la variable de l'habillage de la tâche sur les performances et la perception de la tâche. *Cahiers Internationaux de Psychologie Sociale, 80*, 13-26.

Mosconi, N. (2001). Comment les pratiques enseignantes fabriquent-elles de l'inégalité entre les sexes ? *Les Dossiers des Sciences de l'Éducation, 5*, 97-109.

Mosconi, N. (2004). De l'égalité des sexes dans l'éducation familiale et scolaire. *Ville École Intégration, 138*, 25-22.

Moscovici, S. (1961). *La psychanalyse : son image et son public.* Paris : PUF.

Ollagnier, E. (2010). La question du genre en formation des adultes. *Savoirs, 22*(1), 9 -52.

Ollagnier, E. & Solar, C. (2006). *Parcours de femmes à l'université : perspectives internationales.* Paris : L'Harmattan.

Perrenoud, P. (1999). De la gestion de classe à l'organisation du travail dans un cycle d'apprentissage. *Revue des sciences de l'éducation, 25*(3), 533-570.

Pfefferkorn, R. (2008). Introduction, Dans Y. Guichard-Claudic, D. Kergoat & A. Vilbrod (Dirs.), *L'inversion des genres. Quand les métiers masculins se conjuguent au féminin... et réciproquement* (p.113-120). Rennes : PUR.

Piaser, A. (2000). La différence statutaire en actes : le cas des représentations professionnelles d'enseignants et d'inspecteurs à l'école maternelle. *Revue Internationale des Sciences de l'Éducation, 4*, 57-70.

Read, B. (2008). "The world must stop when I'm talking" : gender and power relations in primary teachers' classroom talk. *British Journal of Sociology of Education, 29*(6), 609-621.

Reinert, M. (1993). Les mondes "lexicaux" et leur "logique" à travers l'analyse statistique d'un corpus de récits de cauchemars. *Langage et société, 66*, 5-39.

Rieu, A. (2004). Agriculture et rapports sociaux de sexe. La "révolution silencieuse" des femmes en agriculture. *Cahiers du genre, 37,* 115-130.

Rodriguez, A.-C. (2008). Conducteur et conductrices de poids lourds, Dans Y. Guichard-Claudic, D. Kergoat & A. Vilbrod (Dirs.), *L'inversion des genres. Quand les métiers masculins se conjuguent au féminin... et réciproquement* (p.121-132). Rennes : PUR.

Rosenthal, R. & Jacobson, L. (1986). *Pygmalion in the Classroom : Teacher Expectation and Pupils' Intellectual Development*. New York : Holt, Rinehart et Winston.

Sargent, P. (2000). Real men or real teachers? : Contradictions in the lives of men elementary teachers. *Men and masculinities, 2(*4), 410-433.

Skelton, C. (2002). The "feminisation of schooling" or "re-masculinising" primary education. *International Studies in Sociology of Education, 12*(1), 7-96.

Skelton, C. (2003). Male Primary Teachers and Perceptions of Masculinity. *Educational Review, 55*(2), 195-209.

Foulin, J.-N. & Toczek, M.-C. (2006). *Psychologie de l'enseignement*. Paris : Armand Colin.

Vilhjálmsdóttir, G. & Arnkelsson, G. (2007). Les différences liées au sexe dans les représentations professionnelles. *L'Orientation Scolaire et Professionnelle*, *36*(3), 421-434.

Williams, C. (1992). The glass escalator : Hidden advantages for men in the "female" professions. *Social Problems*, *39*, 253-267.

Zaidman, C. (1996). *La mixité à l'école*. Paris : L'Harmattan.

Zancarini-Fournel, M. & Thébaud, F. (2003). Éditorial. Mixité et co-éducation. *Clio, 18,* 11-16.

Zancarini-Fournel, M. (2004). Coéducation, gémination, co-instruction, mixité : débats dans l'Éducation nationale (1882-1976) », dans R. Rogers (dir.), *La mixité dans l'éducation : enjeux passés et présents* (p.25-32). Lyon : ENS Éditions.

Éducation et Formation
aux éditions L'Harmattan

Dernières parutions

QUEL COLLÈGE POUR NOS ENFANTS ?
École-collège : mode d'emploi pour les parents
Mazin Jean-Claude
De nombreux jeunes sortent du système éducatif sans qualification et n'ont qu'une infime chance d'insertion professionnelle. Il est urgent d'apporter les moyens nécessaires et les méthodes adaptées là où naît l'échec. Une première partie décortique les atouts et les faiblesses du collège aujourd'hui. La seconde partie propose une analyse du rôle des parents dans l'accompagnement éducatif de leurs enfants et des conseils pour un accompagnement scolaire efficace.
(22.50 euros, 226 p.)
ISBN : 978-2-336-29032-4, ISBN EBOOK : 978-2-296-51556-7

DES INÉGALITÉS D'ÉDUCATION ET D'ORIENTATION D'ORIGINE TERRITORIALE
Champollion Pierre
Cet ouvrage traite d'un pan encore relativement peu connu des inégalités d'éducation. L'auteur débute par un tour d'horizon des recherches actuellement menées sur la problématique «éducation et territoire». A partir du cas de l'école rurale montagnarde française, il analyse ensuite les impacts des territoires et des territorialités sur les formes scolaires, les outils didactiques, les stratégies pédagogiques, et surtout sur les résultats scolaires, les projets et les choix d'orientation.
(Coll. Crise et anthropologie de la relation, 22.00 euros, 216 p.)
ISBN : 978-2-343-00088-6, ISBN EBOOK : 978-2-296-52999-1

TUERIES SCOLAIRES
Lachkar Ilana - Préface de Patrick Morvan
Il est très courant, dans bien des régions du monde, que les enfants d'âge scolaire se battent. Un tiers d'entre eux déclarent avoir déjà été confrontés à une telle situation. Cependant, nous faisons face, aujourd'hui, à un constat beaucoup plus inquiétant : les bagarres et les coups de poing ont été remplacés par des armes à feu au sein des cours de récréation américaines. Les tueries scolaires ne sont plus des actes isolés mais sont devenues un réel problème de société dont il faut s'occuper en urgence.
(20.00 euros, 245 p.)
ISBN : 978-2-336-29100-0, ISBN EBOOK : 978-2-296-51686-1

RECHERCHE COLLABORATIVE ET PRATIQUE ENSEIGNANTE
Regarder ensemble autrement
Sous la direction de Bednarz Nadine
Quelle place les enseignants ont-ils dans la recherche liée à la pratique ? La recherche collaborative s'est développée, au Québec, avec ce souci d'intégrer

le point de vue de ces derniers dans l'élaboration des savoirs construits. Cet ouvrage transmet au lecteur ce regard nouveau sur la pratique enseignante que construisent ensemble chercheurs et enseignants.
(Coll. Savoir et formation, 39.00 euros, 406 p.)   ISBN : 978-2-336-00845-5, ISBN EBOOK : 978-2-296-51602-1

ENFANTS DE BELLEVILLE (LES)
Paris, dans le quartier de Belleville : l'école primaire de Tourtille, classée en zone d'éducation prioritaire. De 1998 à 2000, du CE2 au CM2, les enfants de la classe de Véronique Bavière vivent une expérience peu commune en écrivant une comédie musicale originale intitulée *Gouttes de Paix*, avec l'aide d'un auteur-compositeur. Le réalisateur a suivi cette aventure et relate le processus de création, des débuts du projet aux représentations en passant par l'enregistrement du CD.
(20.00 euros)   ISBN : 978-2-336-00785-4

ENNUI À L'ÉCOLE PRIMAIRE (L')
Représentations sociales, usages et utilités
Ferrière Séverine
Vous êtes-vous ennuyé-e-s sur les bancs de l'école ? Sur le sujet, nous sommes toutes et tous en mesure de donner un avis, en s'appuyant sur un vécu personnel, ou celui d'une personne de son entourage. Chacun a une théorie naïve et, pourtant, personne ne parvient à offrir une définition stable de ce qu'est l'ennui à l'école. Cet ouvrage propose d'observer comment et pourquoi l'ennui est utilisé en contexte scolaire, et ses conséquences en classe de primaire.
(Coll. Logiques sociales, 21.00 euros, 214 p.)
ISBN : 978-2-336-00393-1, ISBN EBOOK : 978-2-296-51527-7

LIBÉRONS L'AVENIR DE L'ÉCOLE
Wavelet Jean-Michel
L'école procède de la maternelle à l'université à un écrémage progressif, à une sélection méthodique dont les mécanismes sont aussi peu visibles que lisibles. L'école pour tous n'est aujourd'hui adaptée qu'aux initiés. Si une élite très scolaire occupe les meilleures places, des millions de jeunes ont appris le découragement et le mépris d'eux-mêmes. Cet ouvrage identifie dix obstacles majeurs à une évolution démocratique de l'école et énonce dix mesures pour édifier une pédagogie de la réussite pour chacun.
(14.00 euros, 130 p.) ISBN : 978-2-336-00660-4, ISBN EBOOK : 978-2-296-51508-6

LANGAGE ET AUTONOMISATION ENFANTINE
Sous la direction de Christiane Préneron
C'est autour de l'âge de deux ans que l'on voit surgir les emblématiques «moi tout seul» grâce auxquels l'enfant demande à l'adulte de le laisser agir seul. Mais de ce désir d'autonomisation qu'advient-il ? Comment les adultes y réagissent-ils ? Vont-ils l'accompagner, le contrarier, le favoriser, en être parfois les initiateurs ? En partant d'interactions verbales recueillies en milieu naturel (parents/enfants et maîtres/élèves), cet ouvrage tente de fournir des éléments de réponse à ces questions.
(Coll. Enfance et langages, 21.00 euros, 202 p.)
ISBN : 978-2-336-29080-5, ISBN EBOOK : 978-2-296-51467-6

INNOVATION (L') DANS LE SYSTÈME ÉDUCATIF FRANÇAIS
Un projet d'implantation de cours à distance par téléenseignement
Renaud Dominique
Le projet d'implantation de cours à distance par téléenseignement dans le bassin de Nice-Cagnes baptisé SAFONA a été, entre 2001 et 2005, le terrain d'une expérimentation originale. Avec SAFONA, l'exigence de rationalisation et de formalisation des pratiques professionnelles introduit de nouvelles normes de management. Entre contribution au bien public et modèle de la privatisation, le projet SAFONA s'inscrit dans un secteur éducatif en mutation face au processus de libéralisation de l'éducation en général.
(30.00 euros, 306 p.)
   ISBN : 978-2-336-00581-2, ISBN EBOOK : 978-2-296-51379-2

ENSEIGNANTS (LES) – QUELLE RECONNAISSANCE POUR UN MÉTIER EN CRISE ?
Torres Jean-Christophe
Il existe aujourd'hui un malaise enseignant, la crise de l'autorité, la perte d'une référence partagée aux savoirs... sont autant de symptômes d'une transmission éducative désormais problématique. Authentiques cadres de la fonction publique, les enseignants restent à cet égard ignorés dans leurs compétences à assumer pleinement des responsabilités d'ingénierie et de pilotage pédagogique. L'urgence est donc à revaloriser un métier qui est de manière cruciale en perte de références.
(Coll. Questions contemporaines, 22.00 euros, 224 p.)
   ISBN : 978-2-296-99375-4, ISBN EBOOK : 978-2-296-51272-6

PROFESSIONNALISATION ET E-LEARNING
Groux Dominique, Cantisano Maria
Comment se porte aujourd'hui l'e-learning en France et dans le monde ? Comment se situe-t-il par rapport à la formation ouverte à distance et le télé-enseignement à distance ? Comment les formes et les moyens différents d'apprentissage peuvent-ils contribuer au développement de notre professionnalité ? Quelle place l'e-learning occupe-t-il dans le champ de la formation professionnalisante tout au long de la vie ?
(Coll. Education comparée, 32.00 euros, 324 p.)
   ISBN : 978-2-336-00258-3, ISBN EBOOK : 978-2-296-51454-6

MONDE IRRATIONNEL DU PETIT ENFANT
Mieux comprendre pour éduquer
Tanon Valia
Parents, n'avez-vous pas remarqué que votre relation avec votre petit enfant ressemble parfois à un dialogue de sourds ? Éducateurs, n'avez-vous pas observé que certains enfants ont du mal à vous suivre ? Les neurosciences ont mis en évidence que l'enfant est incapable d'abstraction jusqu'à l'âge de 7-8 ans et qu'il vit dans son monde à lui, différent de celui de l'adulte. Il est grand temps de prendre cette donnée scientifique au sérieux dans notre système éducatif.
(13.00 euros, 122 p.)
   ISBN : 978-2-336-00334-4, ISBN EBOOK : 978-2-296-51153-8

DELEUZE ET L'ANTI-PÉDAGOGUE
Vers une esthétique de l'éducation
Boudinet Gilles
La pensée de Gilles Deleuze est riche de nombreuses interrogations. S'appuyant sur *L'Anti-pédagogue*, cet ouvrage propose de suivre la critique radicale que les théories deleuziennes se prêtent à adresser à de nombreux fondements de l'éducation. En résulte une conception « intensive », où l'esthétique tient un rôle privilégié et où se définit une nouvelle posture tant pour apprendre à penser, que pour penser l'apprendre.
(Coll. Educations et sociétés, 17.00 euros, 166 p.)
ISBN : 978-2-336-00195-1, ISBN EBOOK : 978-2-296-51156-9

POURQUOI L'ÉCOLE FABRIQUE-T-ELLE DE L'ÉCHEC SCOLAIRE ET... DE LA VIOLENCE ?
Mauduit Michelle
Au moment où la société s'interroge cruellement sur le devenir de sa jeunesse et sur celui de son école, l'auteur de ce livre a considéré qu'elle avait le devoir de témoigner, d'alerter. Née d'une expérience vécue, son analyse invite au partage d'une réflexion fondamentale sur l'école de la République. Voici une contribution à une refondation qualitative du système éducatif français, guetté aujourd'hui par la faillite.
(Coll. Questions contemporaines, 11.50 euros, 86 p.)
ISBN : 978-2-336-00198-2, ISBN EBOOK : 978-2-296-51207-8

DE L'ESTIME DE SOI À LA RÉUSSITE SCOLAIRE – Les valeurs éthiques au conseil de coopérative de classe
Mensa-Shrèque Marie-France
Apprendre et réussir à l'école nécessitent une estime de soi élevée. L'estime de soi est ce sentiment personnel d'évaluation qui se décline en haute ou basse estime selon les aléas des réussites, des échecs, des relations. Elle contribue à donner de l'assurance, de la confiance en soi, sentiments qui favorisent la réussite scolaire. Elle se développe par la participation à des activités sociales, culturelles et sportives. L'école peut-elle aider les élèves à élever leur estime de soi ?
(Coll. Enfance éducation et société, 22.00 euros, 222 p.)
ISBN : 978-2-296-99731-8, ISBN EBOOK : 978-2-296-51053-1

GENRE À L'ÉCOLE DES ENSEIGNANTES – Embûches de la mixité et leviers de la parité
Devineau Sophie
L'école est féminine à plus d'un titre, portée par des enseignantes, elle est aussi le lieu de la bonne réussite scolaire des filles. La question du genre à l'école est pour cette raison incontournable. Le parti pris d'affronter les contradictions qui traversent l'école oblige à considérer le projet féministe tel qu'il a été porté au sein du salariat et dans la société par cette profession. Cela revient à envisager ce groupe professionnel comme un moteur de l'histoire de l'égalité entre les sexes.
(Coll. Logiques sociales, 33.00 euros, 316 p.)
ISBN : 978-2-296-97030-4, ISBN EBOOK : 978-2-296-51092-0

L'HARMATTAN, ITALIA
Via Degli Artisti 15; 10124 Torino

L'HARMATTAN HONGRIE
Könyvesbolt ; Kossuth L. u. 14-16
1053 Budapest

ESPACE L'HARMATTAN KINSHASA
Faculté des Sciences sociales,
politiques et administratives
BP243, KIN XI
Université de Kinshasa

L'HARMATTAN CONGO
67, av. E. P. Lumumba
Bât. – Congo Pharmacie (Bib. Nat.)
BP2874 Brazzaville
harmattan.congo@yahoo.fr

L'HARMATTAN GUINÉE
Almamya Rue KA 028, en face du restaurant Le Cèdre
OKB agency BP 3470 Conakry
(00224) 60 20 85 08
harmattanguinee@yahoo.fr

L'HARMATTAN CAMEROUN
BP 11486
Face à la SNI, immeuble Don Bosco
Yaoundé
(00237) 99 76 61 66
harmattancam@yahoo.fr

L'HARMATTAN CÔTE D'IVOIRE
Résidence Karl / cité des arts
Abidjan-Cocody 03 BP 1588 Abidjan 03
(00225) 05 77 87 31
etien_nda@yahoo.fr

L'HARMATTAN MAURITANIE
Espace El Kettab du livre francophone
N° 472 avenue du Palais des Congrès
BP 316 Nouakchott
(00222) 63 25 980

L'HARMATTAN SÉNÉGAL
« Villa Rose », rue de Diourbel X G, Point E
BP 45034 Dakar FANN
(00221) 33 825 98 58 / 77 242 25 08
senharmattan@gmail.com

L'HARMATTAN TOGO
1771, Bd du 13 janvier
BP 414 Lomé
Tél : 00 228 2201792
gerry@taama.net

650620 - Avril 2016
Achevé d'imprimer par